K. A. Francis

OM – die Essenz der göttlichen Energie

W0057997

OM

DIE ESSENZ DER GÖTTLICHEN ENERGIE

Aus dem Englischen von Anja Schmidtke

K. A. FRANCIS

//////////////// SILBERSCHNUR ////////////////

Anmerkungen / Begriffserklärungen der Übersetzerin
sind in eckige Klammern [...] gesetzt.
Mit * gekennzeichnete Stellen sind frei übersetzt
von Anja Schmidtke.

MIX
Aus verantwortungs-
vollen Quellen
FSC® C014138

Originaltitel: "The Essence of Aum. The Principles of All Movements and Sounds in the Universe", erschienen bei Konark Publishers PVT LTD, Indien.
Copyright © der Originalausgabe 2009 K. A. Francis

Alle Rechte vorbehalten. Kein Teil dieser Publikation darf ohne vorherige Zustimmung durch den Verlag in irgendeiner Form oder auf irgendeine Weise - sei es elektronisch, mechanisch, als Fotokopie, Aufnahme oder anderweitig - reproduziert, auf einen Datenträger gespeichert oder übertragen werden.

Copyright © der deutschen Ausgabe 2011 Verlag "Die Silberschnur" GmbH

ISBN: 978-3-89845-316-5

1. Auflage 2011

Übersetzung: Anja Schmidtke
Gestaltung & Satz: XPresentation, Güllesheim
Druck: Finidr s.r.o. Cesky Tesin

Verlag "Die Silberschnur" GmbH · Steinstraße 1 · D-56593 Güllesheim
www.silberschnur.de · E-Mail: info@silberschnur.de

INHALT

Danksagung

Vieles verdanke ich
S. H. Sri Sri Ravi Shankar, Bhagathahamsam Malliyoor
Sankaran Namboodiri, dem verstorbenen G. N. Pillai,
Dr. P. V. Viswanathan Namboodiri, Dr. N. Parvathi Devi,
Sajeev Sebastian, N. Somasekharan und P. V. Varghese
Pellisserry.

Mein besonderer Dank geht an
den verstorbenen Ravi Nair, der mir sehr half, ein schlichtes
englisches Manuskript zu verfassen.

K. A. Francis

Mitteilung Seiner Heiligkeit
Sri Sri Ravi Shankar

Meine herzlichsten Glückwünsche und Segnungen an Herrn Francis für sein Buch »AUM«. OM* ist der Ton, der dem vollkommenen Bewusstsein am nächsten ist. Wenn wir OM singen, tritt das Gefühl vollkommenen Bewusstseins in unser Wesen, und unser Geist wird verwandelt. In diesem Zustand existiert Klarheit im Denken und Fühlen. Unser ganzer Körper erfährt eine Verwandlung, und wir entdecken, dass wir voller *Prana* sind und dass jedes Hindernis auf unserem Weg einfach verschwindet.

OM ist der älteste Urton. In allen Religionen der Welt gibt es etwas, das OM sehr nahekommt. Das Christentum hat das »Amen«, der Islam hat das »Ameen«, die Juden sagen »Shalom« und die Parsen sagen »Hum«. OM bedeutet Liebe, OM bedeutet Frieden, und OM ist die ewige Wahrheit.

Mit den besten Wünschen
S. H. Sri Sri Ravi Shankar

---

* OM ist sowohl ein Symbol der Form als auch des Klanges. Der ausgesprochene Ton Om wird AUM geschrieben.

VORWORT

Dieses Buch ist eine Synthese über "Aum", ohne dabei seine Bedeutung (seinen Geist) außer Acht zu lassen. Es ist eine nützliche Abhandlung, die das Wesentliche von "Aum", das sich ja vielfältig auslegen und erklären lässt, auf den Punkt bringt. "Aum" ist ein kleiner Schmuckkasten, der die vollständige, ewige Wahrheit (Sanathana Sathyam) in sich birgt.

Wenn die alten Weisen sagen, dass das Ramayana des Valmiki [das zweite indische Nationalepos] mit seinen 24.000 Versen in Gruppen von 1.000 die Erklärung der 24 Keimsilben des Gayatri-Mantras [des bedeutendsten hinduistischen Mantras] ist, wie unermesslich mag dann erst die Erklärung von "Aum" sein! Der Autor ist gesegnet, da er sich einer so heiligen Aufgabe gewidmet hat.

[Der indische Dichter] Kalidasa erinnert uns daran, dass Größe nicht darin liegt, wer sie erschaffen hat, sondern darin, was erschaffen wurde. Wenn man etwas akzeptieren oder verneinen will, sollte man es zunächst einmal gründlich untersuchen. Die Upanishaden und die Puranas [die zu den wichtigsten Texten des Hinduismus zählen] halten die Völker der Welt dazu an, den Urton "Aum" zu singen.

Der Autor hat "Aum" erforscht und versucht, seine wesentliche Bedeutung im Einklang mit der heutigen Zeit auf den Punkt zu bringen. Dieses Buch gibt in einer einfachen und schönen Sprache wieder, was jeder über "Aum" wissen sollte. Der Autor weist erfolgreich nach, dass alles von "Aum" ausgegangen ist.

Möge Gott Sri K. A. Francis Gesundheit, ein langes Leben, Weisheit und Energie schenken, auf dass er sich weiter auf diesem Gebiet hervortun möge.

Bhagavathahamsam Malliyoor
Sankaran Namboothiri
Malliyoor Mana
Kottayam

EINFÜHRUNG

Am Anfang war der Ton – AUM.

Der Ton von AUM hallt in jedem Wort wider, das auf der Welt gesprochen wird, in jeder Bewegung, die im Universum vonstattengeht. Alle Töne und Bewegungen beginnen mit "Aa", gehen über zu "Uu" und enden mit "Ma". Dennoch begleiten uns diese Bewegungen und Töne ohne Anfang oder Ende!

Nun, dieses Buch ist eine Pilgerfahrt auf der Suche nach der Essenz von Aum.

Ich habe viele Bücher gelesen, viele Dinge von den Meistern gehört. Aber mein Wissen ist noch immer sehr begrenzt. Ich konnte nur einen winzigen Löffel Wasser aus diesem Ozean schöpfen. Ich goss es auf meine Stirn. Für mich als Christ war dies wie eine neue Taufe.

AUM Shanthi!

K. A. Francis

Kapitel 1

Eines Tages sagte ein Schüler zu seinem Guru: "Ich möchte von Gott hören. Erzählt Ihr mir über ihn, Meister?" Der Guru schwieg. Der Schüler stellte die Frage noch einmal. Der Guru sagte nichts. Stille!

Der Schüler war enttäuscht. Als er gerade fortgehen wollte, sprach der Guru: "Lieber Schüler, habe ich dir nicht über Gott erzählt?"

"Ihr habt schweigend dagesessen", antwortete der Schüler.

Der Guru sagte: "Das war kein Schweigen, mein Sohn. Es war eine Auslegung Gottes."

Wie können wir Gott erklären? Wie können wir etwas beschreiben, das keine Form besitzt?

Die beste Sprache, um Gott verstehen zu lernen, ist Schweigen. Deshalb sagen die Gurus, dass Gott uns verlässt, sobald wir anfangen, ihn zu beschreiben.

Denken wir einmal andersherum. Wie können wir jemandem erklären, was Süße ist? In Worten geht das nicht. Es geht auf zweierlei Art. Wir können ihm alle Geschmacksrichtungen zeigen, nur die Süße nicht. Dann können wir ihm sagen, dass es daneben noch einen anderen Geschmack gibt, der wahrscheinlich feiner ist, und dass es sich dabei um Süße handelt.

Die andere Methode besteht darin, ihm Zucker auf die Zunge zu legen. Wenn er ihn schmeckt, sagen wir ihm, dass dies Süße ist. So bekommt er die Antwort sofort. Aber für diese Methode muss der Guru auch Zucker bei sich haben.

Ich habe keinen Zucker zur Hand oder andere Dinge mit verschiedenen Geschmacksrichtungen. Aber lassen Sie mich dennoch versuchen, das höchste Wesen zu erklären, das in Worten oder Gedanken nicht beschrieben werden kann. Was mit Wörtern wie Brahma, Paramatma (Überseele), Bhagvan, Allahu oder Jehoa bezeichnet wird, ist ParaBrahma. Es kann mit nichts vollständig erklärt werden. Seine Auslegung beginnt, wo Worte und Gedanken enden. Der hinduistische Mystiker Sri Ramakrishna Paramahamsa pflegte eine Geschichte zu erzählen: Eine Puppe aus Salz wollte die Tiefe des Ozeans ermessen. Sie begab sich in den Ozean. Und ach!, da löste sie sich auf.

Wie könnte diese Salzpuppe je wieder heraufkommen, um zu sagen, wie tief der Ozean ist?

Welcher Buchstabe, welches Wort kann "ParaBrahma" erklären?

Am Anfang war der Ton. Er wurde zu Gott. Diese Form des Tons ist "AUM" ॐ.

Kapitel 2

Was ist Ton?

Es ist etwas, das wir aussprechen können, und etwas, das wir hören können.

Ton lässt sich in drei Bestandteile gliedern – Bindu, Kala und Nadam.

Ton ist schon da, bevor wir ihn hören. Wie das ewige Dharma [die hinduistische Ethik] sagt, entsteht nichts ganz plötzlich. Alles existiert schon vorher. Die Töne, die wir ohne bestimmte Form aussprechen, sind Nadam. Kala ist der Herzschlag von Nadam. Es ist unser Eindruck des Hörens. Deshalb sagt man auch, dass Ton bereits vorhanden ist, bevor wir ihn hören. Bindu ist die vergangene Form des Tons, den wir später nicht mehr hören.

Ton zieht an uns vorbei wie ein Krankenwagen mit seiner Sirene. Alle Töne, die wir hören, bestehen aus Bindu, Kala und Nadam. Jeder Ton, den wir hören, beginnt mit Bindu, erreicht Kala und schließlich Nadam. Der Anfang und das Ende des Tons ist Bindu. Er beginnt im Ungewissen, wird deutlich und endet im Ungewissen.

Wenn wir AUM sagen, wird der Ton im Außen gehört; Bindu ist die Stille, die vorher existiert, wenn wir daran denken, AUM auszusprechen. Kala ist die Schwingung, die in unseren Stimmbändern entsteht. Diese Schwingung wird stetig hervorgebracht. So entsteht Nadam. Wir können Nadam klar hören, es ist der Ton von AUM. Es endet als Echo. So lange der Eindruck, dieses Echo gehört zu haben, andauert, werden die Stadien Nadam, Kala und Bindu durchlaufen. Ich werde versuchen, es noch einfacher auszudrücken.

Der Ton von Aum wird nicht durch Muskelbewegungen in unserem Rachen hervorgerufen. Der Ton entsteht im Bauch. So ähnlich, wie ein Lautsprecher eine Schallwelle lauter macht, bewegen sich auch die Muskeln im Rachen. Der Ton "Aa" beginnt in der Bauchgrube, dann kommt "Uu" im Brustraum hinzu und schließlich "Ma" von den Stirnseiten her und durch die Nasenlöcher hindurch, dann kommen das Halbmondzeichen und das Bindu hinzu, und es entsteht AUM (Aa + Uu + Ma + U+ O). So wird der Ton "gemischt".

"Aa" bedeutet Schöpfung. Immer, wenn wir den Mund öffnen, um ein Wort auszusprechen, wird der Buchstabe "Aa" erzeugt. "Uu" ist der Schutz, der ein Wort zu dem werden lässt, was es ist. Wenn wir dann den Mund schließen, kommt "Ma". Dies ist die Zerstörung. Damit ist klar, dass AUM in jedem Wort existiert.

Darüber hinaus vermittelt uns AUM mit seinem unvergänglichen Halbmondzeichen (⌣) und Bindu (•) auch eine ewige Wahrheit, obwohl alle Dinge in der Welt der Zerstörung geweiht sind.

Jeder Ton hat ein Echo, nicht wahr? Glocke, Muschelhorn, Laute oder Wind, Regen, Donner oder Wellen – in allem ist die Seele von Aum. Selbst unser Herzschlag und unser Atem haben den Ton von Aum. Dieser Ton ist auch in unseren Gedanken und auch in der Stille. Ja, Aum ist die Seele Gottes.

$$ ॐ = अ \rightarrow ३ + ऊ \rightarrow ᵔ + म̐ \rightarrow ᳜ $$

Kapitel 3

Aum ist ohne Anfang, Mitte oder Ende.

Es ist der Anfang aller Töne und Echos. Obwohl es scheint, als ende AUM hinter den Lippen, kann es nicht mit einem deutlichen Ende ausgesprochen werden. Durch die Bewegung unseres Atems verschwindet es irgendwie oder löst sich auf.

Im Rachen ist es "Aa", labial ist es "Uu" und "Ma", wenn es labionasal wird. Das Omkara [OM-Singen zur Verehrung des Göttlichen] besitzt eine eigene Harmonie abstrakter und konkreter Formen der Verehrung.

Mantras werden stets mit AUM gesungen. AUM verleiht jedem Namen besondere Energie. Was geschieht, wenn wir das Mantra Aum Namah Shivaya singen? Die Form von Sachitananda (Glückseligkeit) wird zu AUM, das wiederum zu Shivam wird.

Viele von uns haben sich schon gefragt, was es genau mit der Form des Buchstabens AUM auf sich hat.

Nun, es ist kein einzelner Buchstabe. In der Devanagari-Schrift wird es so geschrieben: ॐ. Die gemeinsamen Aspekte der Buchstaben अ (Aa), ऊ (Uu) und म् (Ma) werden zusammen zu ॐ. Ganz einfach!

Wir können versuchen, AUM mit den Penta-Kräften (Pancha Sakthikal) in Verbindung zu bringen.
Die Penta-Kräfte lassen sich mit einem Kreis veranschaulichen.

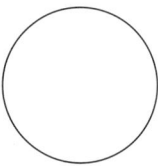

Man kann dies ganz methodisch darstellen.
Zeichnen Sie zunächst fünf Winkel in den Kreis, und verbinden Sie sie.

Sie haben einen fünfzackigen Stern im Kreis gezeichnet. Dieser lässt sich nun in fünf Dreiecke aufteilen.

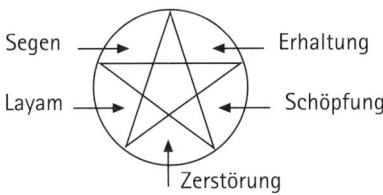

Trennen Sie nun die Ringabschnitte von Schöpfung, Erhaltung, Zerstörung, Layam und Segen vom Kreis. Drehen oder wenden Sie sie folgendermaßen:

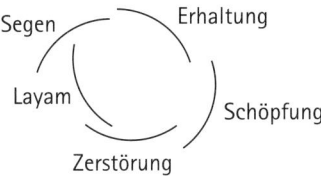

Wir können sie nun so zusammensetzen:

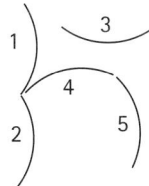

Sieht das nicht wie AUM aus?
Sehen Sie, wie einfach wir den Ton AUM veranschaulicht haben!

Kapitel 4

Aum beginnt wahrlich in der Stille. Wo endet es? In der Stille selbst. Sehen Sie sich die Aspekte dieser Stille an. Wie subtil! Aum beginnt in der Stille und endet in der Stille.

Unser ununterbrochenes Bewusstsein existiert in vier Stadien: Wachen, Träumen, Schlafen und Brahma. "Aa" अ ist das Symbol für den Wachzustand, "Uu" ऊ das für den Traumzustand und "Ma" मँ ist das Symbol für den Schlaf.

Und dann kommt Brahma. Die reine Stille. Brahma ist reines Bewusstsein, unbeschreiblich und unaussprechlich. Es ist die höchste Energie. Wir haben viele Namen für diese höchste Energie, etwa Allah, Jehoa und Brahma. Dann gibt es noch ein Stadium namens "Thuriya". Darin gelangt man in den Zustand vollkommenen Bewusstseins. Nur jene, die ihren Geist vollständig besiegt haben, können Thuriya erfahren.

24

Die Lalitha Sahasranama [hinduistischer Text zur Verehrung der Göttlichen Mutter] gibt die Reihenfolge der Stadien des Tons vor, wie er sich als Kosmos manifestiert: Madhyama, Pasyanthi und Vykhari. Wenn wir einen Ton aussprechen, hören wir ihn. Aber davor formt er sich zu Para, Pasyanthi und Madhyama. Später verwandelt er sich in Vykhari. Was aber ist Para?

Paraprathyak chithiroopa
Pasyanthi paradevatha
Madhyama vykhari roopa (Lalitha Sahasranama)

Bedeutung: Der Himmel und sein ihm eigener Ton sind untrennbar. Sie werden Tonmoleküle genannt. Para ist Energie in ihrer subtilen Form. Es ist Para, weil es jenseits aller Indriyas [Sinne, "Bewusstseinsantennen"] ist. Para wohnt in der Bauchgrube. Mithilfe von Luft erlangt es Willenskraft, steigt auf und wird zu Pasyanthi und Madhyama. Im Rachen wird es als Vykhari deutlich.

Damit wir Para erörtern können, muss es die Form von Vykhari angenommen haben. Nur Aum verkörpert Para. Om ist einfach, rein, frei und ungebunden. Wenn es sich in drei aufteilt, ist Aum selbst Zeuge davon. Natürlich ist es mit Schmerz und Leid verbunden, wenn sich die Elemente voneinander trennen.

Aber die Aufteilung von Aum ist eine Illusion. Wenn wir ein Seil für eine Schlange halten und Angst bekommen, dann ist das eine momentane Angst, die aus der Dunkelheit entspringt. Ganz ähnlich glauben wir, Aum würde sich aufteilen, aber das ist nur ein Gefühl. Aum ist immer noch vollständig da.

Um Ihnen die Wahrheit zu sagen: Das höchste Wesen von Aum ist uns mit Worten oder Gedanken nicht zugänglich. Lesen, Lernen oder Buße tun genügen dafür nicht. Am allermeisten benötigen wir die Gnade Gottes.

Der Todesgott Yama hat das Mysterium des Todes erklärt und Aum interpretiert. Es wird in den Taittariya und Chandogya Upanishaden erörtert. In der Bhagavad Gita, der Essenz der Upanishaden, wird Aum fünfmal angesprochen.

Yama spricht: "Dieses Wort, das alle Veden nennen, das alle Lehrer verkünden, dessentwegen (die Menschen) die Religion studieren, dieses Wort sage ich dir in aller Kürze. Es ist Aum."* (Siehe Dr. S. Radhakrishnan, *The Principal Upanishads,* S. 615. Sehen Sie sich auch weitere Übersetzungen der Kalhupanishad an.)

Kapitel 5

AUM ist das Geheimnis der Schöpfung dieses Universums. Das Universum ist das Ergebnis der vollkommenen Harmonie zweier Kräfte, Purusha [Urseele] und Prakriti [Urmaterie, Natur]. Zur Veranschaulichung des Zusammenspiels von Purusha und Prakriti zeichnet man in der trantrischen Wissenschaft zwei Dreiecke.

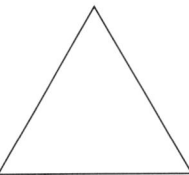

Das obige ist ein gewöhnliches Dreieck, dessen Spitze nach oben zeigt. Es ist das Symbol von Purusha und entspricht dem männlichen Geschlecht.

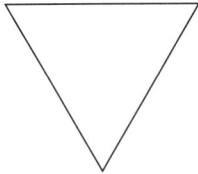

Das umgekehrte Dreieck bedeutet Prakriti. Es steht für die Vagina.

Alle Kräfte, die hinaufsteigen, sind Purusha oder männlich. Was hinabsteigt, ist weiblich oder Prakriti.

Wenn Dinge wie Stärke, Vitalität, Lebenskraft, Freude, Handlung hervorkommen, nimmt Prakriti all dies auf. Mit anderen Worten: In dieser Kombination findet Schöpfung statt. Das Tantra schätzt die Mutter höher ein, da sie all dies von Purusha aufnimmt und es schöpferisch hervorbringt.

Daher hat die Natur, die primäre Kraft, dieses Universum hervorgebracht. Mit anderen Worten: Das nach oben zeigende Dreieck steht für Brahma und bedeutet das ewige Dharma: △. Das Zeichen des subtilen, unsichtbaren Prakriti ist ein Dreieck mit der Spitze nach unten: ▽.

Dies ist das Zeichen, das beide miteinander kombiniert – Brahma und Prakriti.

◁ Es ist sternförmig, hat jedoch nichts mit Sternen zu tun.

Das Sechseck ist auch die Grundlage des hinduistischen Tempelbaus.

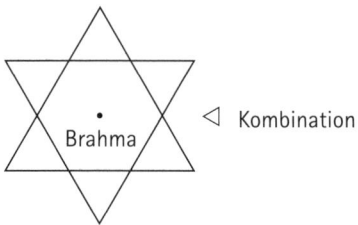

Der Punkt in diesem Sechseck steht für Einheit. In der Tempelarchitektur wird hier der Tempelmast errichtet.

Es gibt fünf Kräfte, aus denen sich die Lehre des Brahma zusammensetzt.

alles wissend
alles ahnend
alles tuend
alles erfüllend
alles durchdringend

Das Stadium zu Beginn der Schöpfung wird mit einem Kreis angezeigt ◯. Setzen Sie einen Punkt in den Kreis ⊙. Er wird zum zweiten Stadium, Aditi von Prakriti. Aditi ist ewige Unendlichkeit. Beim Übergang zum dritten Stadium sehen Sie einen Kreis mit einem Strich hindurch ⊖. Dies ist das Zeichen für Swarga Prakriti.

Genau gesagt ist hier Weiblichkeit entstanden. Damit ist Prakriti weiblich geworden.

Das Männliche, das für die Fortpflanzung sorgt, ist hier gewissermaßen ein Mysterium. Vielleicht sehen Sie und ich hier deshalb ein deutlicheres und klareres Anzeichen für die Mutter als für den Vater.

Zeichnen Sie eine weitere Linie durch den Mittelpunkt der gerade gesehenen Linie.

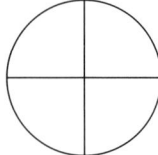

Der Kreis ist nun männlich-weiblich geworden.

Entfernen Sie nun den Kreis. Dies ist das Zeichen, das seine Größe durch den Weg des Handelns erreicht. (Und vielleicht ist es auch das vedantische Zeichen für das Kreuz? In jedem Fall ist das Kreuz der Weg des Handelns.)

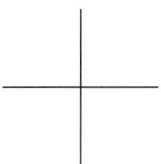

Dieses Zeichen sieht man in der Nagari-/Devanagari-Schrift. Und so wird das männlich-weibliche Kombinationszeichen zum Sukra-Zeichen.

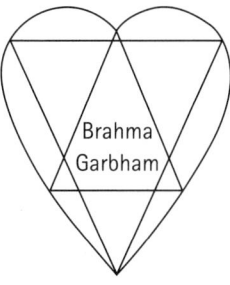

Sehen wir uns nun die Blattform des männlich-weiblichen Kombinationszeichens Bhaga an.

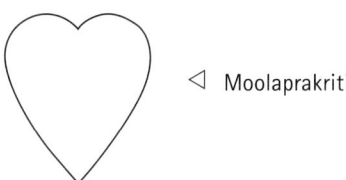

◁ Moolaprakriti

Die Blattform sieht so aus. Es ist das Moolaprakriti-Zeichen. Drehen Sie das Blatt nun folgendermaßen:

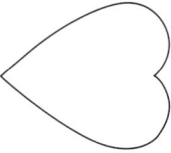

Sie sehen, wie die Frucht des Universums hier hervorkommt.

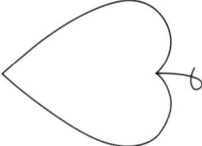

Stellen Sie sich vor, es sei ein Mutterleib. Ein Baby wächst darin. Und es kommt daraus hervor.

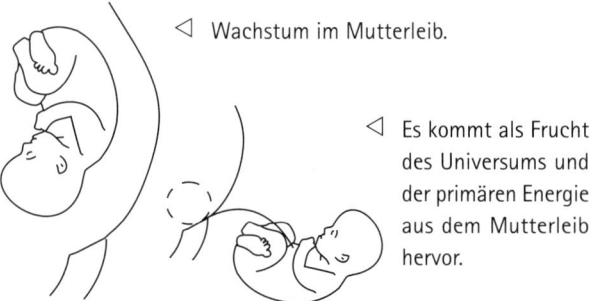

◁ Wachstum im Mutterleib.

◁ Es kommt als Frucht des Universums und der primären Energie aus dem Mutterleib hervor.

Sehen Sie, genauso keimt auch ein Erbsenkorn. Hat es dieselbe Form wie Aum? Tatsächlich nehmen alle Erscheinungen im Zusammenhang mit Entbindung und Geburt die Form von Aum an.

Eine Erbse keimt – Wachstum eines Erbsenkorns

Ich sage Ihnen hier nur, was wir alle schon beobachtet haben. Das Baby, das aus dem Mutterleib hervorkommt, ist aufgrund der Nabelschnur wie Aum. Ja, es ist die Form von Aum, die Ursache von aufsteigendem Rauch und Feuer und hervorquellenden Flüssen.

Kapitel 6

Das Baby liegt in der Omkara-Form im Bauch. (Der Buchstabe im Sanskrit, der den Ton Aum darstellt, ist die Form der Schöpfung. Der Ton Aum steht im Einklang mit seinem Symbol.)

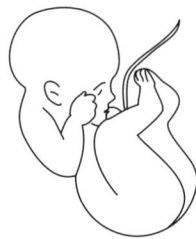

Sehen wir uns das AUM-Zeichen genauer an.

Ersetzen Sie es durch Blätter.

Es ist die Form eines Blatt-Dreiecks entstanden.

Nun übersetzen wir Aum im Blatt-Dreieck in die tantrische Sprache.

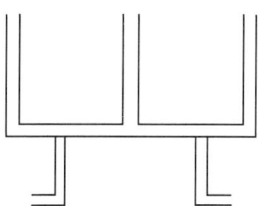

Bei der Übersetzung in die tantrische Sprache wird es zu einer mantrischen Swastika [Kreuzsymbol]. Es gibt zwei Arten von Swastikas: die tantrische und die mantrische.

Untersucht man die Entstehung der mantrischen Swastika, dann zeigt sich, dass sie von den Mundbewegungen geformt wird, wenn wir Aum aussprechen.

Sehen wir uns nun an, wie die mantrische Swastika geformt wird. Aum entspricht Aa + Uu + Ma. Wenn wir Aa (अ) aussprechen, sieht unser Mund so aus: ◡. Wenn wir Uu (ऊ) aussprechen, hat er diese Form: O. Beim Aussprechen von Ma (म्ँ) ist der Mund geschlossen. Aber der Ton endet nicht. Daraus ergibt sich +.

Es zeigt die Bewegung unserer Lippen, wenn wir es aussprechen. Die Form des mantrischen Swastika-Zeichens sieht folgendermaßen aus:

Man kann dieses Aum-Zeichen in alten indischen Gebäuden und Holzhütten finden. Es ist ein Zeichen zur Vertreibung böser Geister. Die Menschen in alter Zeit glaubten, es könne alles Unheilvolle abwehren. Versuchen wir einmal, Aum nach den Vorgaben der Meister in eine mantrische Swastika umzuwandeln.

Wir führen das Experiment wie die Meister durch und ändern die Form von Aum in eine mantrische Swastika.

Es findet eine Dreiteilung statt.

So ist es kaum verwunderlich, dass Christen, Hindus und Muslime begannen, es als religiöses Symbol zu verwenden.

Wir übersetzen Aum nochmals aus dem Blatt-Dreieck in die tantrische Sprache.

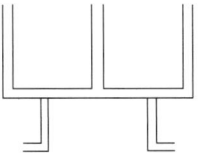

Wir geben ihm folgende Form:

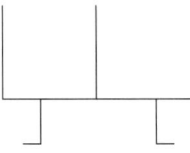

Es ist nun zu einer tantrischen Swastika geworden und wurde in die tantrische Sprache übersetzt, wie wir bereits gesehen haben. Nun versuchen wir, die drei Symbole zu sehen, in die es sich verwandelt hat.

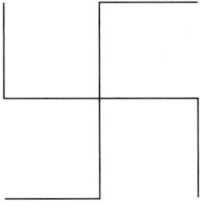

Dies ist Swastika. AUM SWASTI, vedisches Wissen.

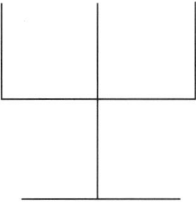

Dies ist Yantra. Hum Phat, tantrische Wissenschaft.

Dies ist Trisula. Aum Shanthi; Shanthi, Shanthi Yoga.

Wir können eine große Ähnlichkeit zwischen der japanischen, koreanischen und chinesischen Schrift und diesen Symbolen feststellen, da die tantrische Swastika einen großen Einfluss auf diese Schriften hatte. Aber sehen Sie sich auch die westlichen Schriften an. Der Einfluss des Zeichens "+" ist auch dort offensichtlich (siehe auch den Einfluss bei A, B, C, D). In der Urdu-Schrift und der arabischen Schrift können Sie sehen, dass dem Mondzeichen "⌣"

große Bedeutung zukommt. "O" spielt eine wesentliche Rolle in den indischen Sprachen. Wir verwenden die Null (0) anstelle des Vokals.

Auch das "Um" (o) des Malayalam-Alphabets, die Buchstaben in Sprachen wie Tamil, Kannada, Telugu, Punjabi, Gujarati, Bengali, Oriya und Hindi erinnern uns an die Null. Die Null als Ziffer geht jedoch über all dies hinaus.

Wenn man sich mit der Struktur von Aum befasst, kommt man zum Amen. Wenn Christen und Muslime "Amen" bzw. "Ameen" sagen, hat dies starke Ähnlichkeit mit Aum. Wenn man es aufteilt, wird es zu Aa, Uu, Ma, N.

Kapitel 7

AUM: Alle Veden, Vedanthas, Epen, Puranas und alle Kunstformen kamen auf, als die Meister alter Zeiten versuchten, ihre Erfahrung dieser höchsten Energie zu erklären. Dieses Universum hat seinen Ursprung in Aum.

Den Meistern zufolge ist Aum die Mutter aller Töne. Es umfasst alle Töne und Buchstaben.

Gott hat zwei Aspekte: Der mit Eigenschaften heißt Saguna, der andere ohne jegliche Eigenschaft ist Nirguna. Wenn etwas keinen Namen und keine Form hat, ist es schwer, es sich vorzustellen. Die höchste Seele hat keinen Namen, keine Form.

Lassen Sie es mich genauer erklären. Hat Wasser eine Form? Nein. Aber wenn es gefriert, erhält es eine Form, nicht wahr? Es wird zu Eis. Wasser wird zu Eis, wenn es sehr kalt geworden ist. In der gleichen Weise nimmt die namenlose, formlose Energie Gottes mittels der Empfindungen des Betenden eine Form an.

Die höchste Seele nimmt jede Form und jeden Aspekt an, die der Betende in sein Gebet aufnimmt.

Beim Eis ist es so, dass es die Form des Gefäßes annimmt, in dem sich das Wasser befindet. Ganz ähnlich verleiht die Verehrung im Herzen des Betenden dem formlosen Gott eine Form. Deshalb sagt die Bhagavad Gita: "Ich trete vor dich in dem Namen und in der Form, mit denen du mich verehrst."* Diese göttliche Energie nennen wir Saguna.

Die höchste Seele hat keine Eigenschaften und nimmt so die Form des Tons an: Aum. Später übernimmt der Betende dies als seine persönliche Gottheit. Deswegen können wir keine Form der Verehrung verneinen. Aum ist die grundlegende Lehre.

Der Gott Vishnu zeigt, dass die Form Gottes sich dem Wunsch des Betenden entsprechend verändert. So rufen wir zum Beispiel Vishnu Sahasranamam (die tausend Namen des Vishnu) ganz unterschiedlich an. Jemand, der berühmt werden möchte, nennt ihn "Kesava". Wem es Pracht und Glanz angetan haben, der kann ihn "Narayana" nennen. Für Frieden lautet sein Name "Trivikrama", für Handlung "Vamana", für Gnade "Achutha". "Padmanabha" ist der Name für Sradha; für "Lakshmi" ist es "Vasudeva" und für "Rati" ist es Anirudha ...

Kapitel 8

Wir können Aum auch noch auf eine andere Weise entdecken.

Wir existieren in drei Zuständen: Wachen, Schlafen im Zustand des Träumens und Schlafen, wenn wir nicht träumen.

Im ersten Zustand, der unverändert von der Geburt bis zum Tod andauert, spielt das Bewusstsein des Wesens "Ich" die Hauptrolle. Wenn Veränderungen am Körper auftreten, beobachtet das "Ich" diese Veränderungen, bleibt aber selbst unverändert. Es bleibt unverändert, erkennt aber die Veränderung. Das "Ich" erlebt die Leiden und Freuden des Wachzustands und ist Zeuge davon.

Der zweite Zustand ist das Träumen, wenn wir schlafen. Was ist die interessanteste Erfahrung im Traumzustand? Es ist die Tatsache, dass wir ohne Augen sehen, ohne Ohren hören, ohne Nase riechen, ohne Zunge schmecken, fühlen, ohne etwas zu berühren, und ohne Sinne Sinnesfreuden genießen. In der von unserem Geist erschaffenen Welt bewegen wir uns fort. Wenn wir aufwachen, wissen wir, dass wir einen Traum gesehen haben. Wer ist der Zeuge des Traums? Es ist das "Ich".

Der dritte Zustand ist der Tiefschlaf. Wenn wir aus diesem Zustand erwachen, glauben wir, dass wir nichts erlebt und gesehen haben. Aber den ganzen tiefen Schlummer hindurch gab es jemanden, der wach blieb. Es war das "Ich". Wer also hatte die Erfahrungen der drei Zustände? Es war das "Ich", das immer da war, unabhängig vom jeweiligen Zustand.

Es gibt noch einen vierten Zustand, den wir bisher nicht erwähnt haben. Wir kennen den Genuss des Schlafes erst, wenn wir aufwachen. Aber es gibt auch einen Zustand, in dem wir den Genuss des Schlafes im Schlaf selbst erfahren. Das ist Samadhi.

Wenn jemand in Samadhi eintritt, wird er weise. Es bedeutet, dass er zu jemandem wird, der weiß, was er wissen sollte.

Ein Unwissender fällt in den Schlaf und kehrt als Unwissender zurück, aber wenn dieser Mensch durch den Schlummer in Samadhi eintritt, kehrt er sehr weise zurück. In Samadhi offenbart sich ihm die höchste Seele.

Das Symbol für das Wachsein ist das "Aa", für das Träumen ist es das "Uu" und für das Schlafen das "Ma". Der vierte Zustand ist Thuriya. Es ist der Zustand der Erfahrung reinen Bewusstseins. Nur heilige Seelen, die den Geist vollständig besiegt haben, können Thuriya erfahren.

Wir haben bereits gesehen, dass der Ton vier Aspekte hat: (1) Vykhari, (2) Madhyama, (3) Pasyanthi und (4) Para.

Der Ton, den wir hören können, heißt Vykhari. Der Ton, den wir in unseren Träumen hören, ist für andere nicht hörbar. Der Ton, den andere nicht hören können, der aber existiert, heißt Madhyama. Es gibt einen Ton, der aus der Tiefe unseres Herzens kommt. Er heißt Pasyanthi. Para schließlich ist die wahre Energie Gottes, die Energie, die der Ursprung dieses Universums, aber nicht klar und offensichtlich ist.

Kapitel 9

Durch das ständige Singen von Gottes Namen geben wir der Gottheit Gestalt. So erscheint die Form unserer persönlichen Gottheit vor uns. Es geschieht durch unsere Macht, den Geist konzentriert zu halten.

Wenn die Form der Gottheit erscheint, wird unser ganzer Körper im Gnadenlicht unserer persönlichen Gottheit gebadet. Dies ist der Lehrsatz hinter der Stärkung unseres inneren Wesens, wenn wir meditieren. Durch konzentrierte Aufmerksamkeit des Geistes steigt die Energie des inneren Wesens empor.

Wenn diese Energie durch den Kopf aufsteigt, steigt eine weitere, zu ihr hingezogene Kraft hinab. Die göttliche Energie der hinabsteigenden Kraft verbreitet sich im ganzen Körper. Es fühlt sich an wie Strom, sanft und leicht warm. Die Glückseligkeit, die dadurch entsteht, ist unbeschreiblich.

Daraus lassen sich drei Schlussfolgerungen ziehen:

(1) Ton erzeugt Form.

(2) Ein bestimmter Ton erzeugt eine bestimmte Form.

(3) Um eine bestimmte Form zu erzeugen, muss ein bestimmter Raga [die melodische Grundstruktur der klassischen indischen Musik] einen Ton auf eine bestimmte Art und Weise erzeugen, d. h. mit einer bestimmten Melodie.

In ihrem Buch *Voice Figures* erläutert Margaret Watts-Hughes, wie sie dies mit mehreren Experimenten nachgewiesen hat. Nach jahrelangen Forschungen präsentierte sie die Ergebnisse ihrer Arbeit, indem sie ein Lied in ein "Eidophon" genanntes Instrument sang.

Das Instrument verfügt über ein Rohr und eine bewegliche Membran.

Sie fand heraus, dass jeder Ton eine bestimmte Figur erzeugte. Sie konnte sie damit praktisch aufzeichnen.

Sie verteilte ein paar Saatkörner auf der Membran des Instruments und begann zu singen. Die Saatkörner tanzten im Rhythmus. Sie erzeugten bestimmte Figuren. Dann verwendete sie anstelle der Saatkörner verschiedene Arten farbiger Puder. Sie stellte fest, dass es mit Puder noch besser gelang als mit Saatkörnern.

Diese Klangfiguren formten sich in wunderbare Darstellungen eines Prinzips. Sie zeigten sich als Klangfiguren von Sternen, Spiralen und Schlangen – in den fantasievollsten Mustern und Formen.

So wie es Tonstufen in einem Musikkonzert gibt, hallt Aum im Kosmos des Tons wider. Jemand, der seinen Geist und seinen Körper besiegt hat, kann Aum hören. Am Anfang war der Ton (das Wort). Das Wort war bei Gott, und Gott war das Wort (Johannes 1,1).

Aum, das im Universum widerhallt, hat drei Attribute: Schöpfung, Erhaltung und Zerstörung. Wenn wir ein Wort aussprechen, findet eines davon statt. Die Macht des Wortes ist ultimativ.

Deshalb raten uns ja auch alle Schriften, auf eine angenehme und freundliche Weise zu sprechen. Die Meister halten uns an, freundlich, liebenswürdig und niemals zu schroff zu sprechen.

Kapitel 10

Wir verstehen die Welt mithilfe unserer fünf Sinne (Augen, Ohren, Nase, Haut und Zunge). Es gibt jedoch noch eine Energie dahinter, die das Universum durchdringt. Es ist die Macht des Tons. Die Meister nennen ihn Sphotam. Sphotam ist zeitlos, unbeschreibbar.

Gott hat dieses Universum erschaffen. Das Universum ist ein Wald, in dem Tausende von Universen wie Perlen nebeneinander existieren, ohne sich jedoch dabei gegenseitig zu berühren. Um dieses Brahmanda [das kosmische Ei] herum existieren viele Crores [1 Crore = 10 Millionen] solcher Universen. Sie lassen sich mit unzähligen Fischschwärmen vergleichen.

Sehen wir uns an, wie das Sonnensystem beschaffen ist. Eine riesige Sonne, um die viele leuchtende Planeten kreisen, klein und groß, sowie viele Nebenplaneten. Das Sonnensystem umfasst sie alle.

Jedes Atom hat eine ovale Form. Jeder Himmelskörper, jeder Planet und jedes Lebewesen ist ein Universum im Kleinen.

Universen zu zählen ist nicht einfacher, als Sandkörner zu zählen.

Die Pranava-Lehre von Gargyayana besagt, dass ein Brahmanda eine Sonne und sieben Planeten umfasst, die von Gott erschaffen wurden und von ihm regiert werden. Sieben solcher Brahmandas zusammen, erschaffen und regiert von Har, sind ein Jagat.

Wenn 1000 Jagats zusammenkommen, erschaffen und regiert von Har, ergibt dies einen Viswam. 1,5 Crore Viswams, erschaffen und regiert von Parameswara, ergeben ein Mahasivam. Mahasivams sind zwei Sanghams – 20 Lakh [1 Lakh = 100.000] Crore –, erschaffen und regiert von Parameswara, was ein Maha Sangha ergibt. Ein Crore Lokas, erschaffen und regiert von Maheswara, ist ein Mahaloka. 100 Padmas – 10 Crore Crores zusammen, erschaffen und regiert von Vishnu, sind Samsara.

Betrachten wir nun einmal Licht und Dunkelheit. Es ist der menschliche Geist, der Licht und Dunkelheit voneinander trennt, sagen die Meister. Wir können sagen, die Dunkelheit ist das absolute Licht.

In der Bibel heißt es: "Und Licht scheint in der Finsternis, und die Finsternis hat's nicht begriffen." Licht ist also nur eine Illusion.

Einige Menschen glauben, dass Brahmanda diese Welt allein ist! Aber neben dieser Welt existieren noch sechs weitere Welten [Dimensionen, Ebenen]. Daher gibt es sieben Welten – Bhuloka, Brahmaloka, Swarloka, Mahaloka, Janarloka, Thapoloka und Sathyaloka.

Die sieben Welten der Vedanthis heißen anders: Es sind Brahmaloka, Pithruloka, Somaloka, Indraloka, Gandharvaloka, Rakshasaloka und Yakshaloka.

Die sieben Welten sind auch in den Kausheethaki Upanishaden anzutreffen – dort heißen sie Agniloka, Vayuloka, Varunaloka, Adithyaloka, Indraloka, Prajapathyloka und Brahmaloka.

Die sieben Welten der Brahmavidya Sangh sind Sthulaloka, Kamaloka, Pratibhaloka, Manoloka, Nirvanaloka, Anupadaka Loka und Adiloka.

Der menschliche Körper ist nur eine Nachbildung dieser sieben Welten.

Bhuloka: zwischen den Augenbrauen, wo die Nase beginnt. Farbe: Blau.

Bhuvarloka: Die Spitze des kleinen Fingers der linken Hand ist der Milz zugeordnet. Die Spitze des kleinen Fingers der rechten Hand entspricht der Leber. Sie stehen in Verbindung mit Leber und Milz. Danach begibt sich der Geist in die Konzentration. Farbe: Violett.

Swarloka: Entspricht dem Bauch und beschreibt die Verbindung zwischen dem Bauch, einem Teil der Wirbelsäule und jeder Großzehe. Farbe: Rot.

Mahaloka: Nabel. Farbe: Blau.

Janarloka: Herz. Farbe: Indigo

Thapoloka: Nasenlöcher. Farbe: Gelb

Sathyaloka: der Himmel, der das Gehirn erfüllt. Farbe: siebenfarbig – VIBGYOR.

Am Anfang verwandelte sich Gott in einen Kosmos des Tons, aus dem diese sichtbare Welt entstand. Es gibt nur ein Wort (Ton), mit dem wir Sphotam benennen können. Es ist Aum.

Ein Wort und seine Bedeutung sind wie die Göttin Parvati und der Gott Parameswara, die Eltern dieses Universums. Wir können sie nicht voneinander trennen. Daher kann keine Analyse das Wort und seine Bedeutung voneinander trennen. Nithya Sphotams sind unabdingbar. Daher müssen wir annehmen, dass dieses ganze Universum (Ton) seinen Ursprung in Aum hatte, der Mutter aller Namen, dem heiligsten aller heiligen Töne.

Kapitel 11

Die Idee und das Wort, das sie beschreibt, sind untrennbar miteinander verbunden, allerdings kann man natürlich auch sagen, dass eine Idee auch mit mehr als einem Wort perfekt erklärt werden kann. Ist Aum wirklich das einzige Wort, das die Idee des Ursprungs dieser Welt vermitteln kann? Nun, so ist es. Nur Aum kann die Idee des Universums als Ganzes ausdrücken. Es gibt kein anderes Wort (Ton), durch das es ersetzt werden könnte. Etymologisch ist Sphotam, obwohl es das Stammwort aller Wörter ist, kein besonderes Wort; es hat jedoch die vollendete Form erreicht.

Das liegt daran, dass die Buchstaben Aa, Uu und Ma, aus denen Aum besteht, die allgemeinen Zeichen aller Wörter sind, die wir aussprechen können. Darunter ist der Buchstabe mit den wenigsten Attributen das Aa. Vielleicht sagt Krishna deshalb in der Bhagavad Gita: "Aksharanam akarosmi" ["Unter allen Buchstaben wohne ich im ersten"].

Wenn wir einen Ton aussprechen, beginnt er am Zungengrund und gelangt von irgendeinem Punkt ausgehend zu den Lippen.

Der Buchstabe Aa kommt aus dem Rachen, Ma endet an den Lippen. Der Buchstabe Uu beginnt am Zungengrund und endet an den Lippen. Der Ton rollt vorwärts. Wenn wir also sauber Aa, Uu, Ma aussprechen, beinhaltet dies alle Techniken zum Aussprechen von Tönen.

Kein anderes Wort vermag das. Deshalb ist es der geeignetste Name für Sphotam. Dieses und Aum (Ton) sind unteilbar, genau wie das Wort und seine Bedeutung. Sphotam ist Gott sehr nahe.

Wissen Sie, warum es dem "unvollkommenen" Menschen möglich ist, über Brahma nachzudenken, den Einen und Unversehrten, Sachitananda? Auf der Grundlage seiner Veranlagungen und Attribute denkt ein Betender seiner psychischen Neigung entsprechend über das Universum – Gottes Körper – nach. Es hängt von den Eigenschaften oder Attributen ab, die in seinem Geist vorherrschen. Das Ergebnis ist, dass derselbe Gott in verschiedenen Aspekten mit unterschiedlichen primären Attributen gesehen wird. Dasselbe Universum wird also perfekt in verschiedenen Formen gesehen.

Sphotam ist, was übrig bleibt, wenn wir alles entfernt haben, was ein Wort (Ton) vom anderen unterscheidet. Deshalb wird Sphotam auch Kosmos des Tons genannt. Wenn ein Wort als Name von Sphotam frei von seinen Eigenschaften in Erscheinung tritt, wird es zu einem Querschnitt von Sphotam mit seinen Eigenschaften. Damit bleibt es nicht länger Sphotam. Dann wird alles, was es weniger aufteilt und es genauer ausdrückt, ein idealer Name dafür. Das ist Aum. Nur das. (Mehr darüber in den Werken von Swami Vivekananda (Complete Works, Vol. 3, Seite 58).)

Die Eindeutigkeit, die wir in der Beziehung von Aum zu seinem Ton und seiner Bedeutung sehen, scheint auch für Gott und sein Universum zu gelten.

Für jede Art von Vorstellung und Ton sollte es ein Zeichen geben. Solche Ton-Zeichen (Mantras) wurden von Weisen in tiefer Meditation erdacht. Sie veranschaulichen ihre Vorstellungen über Gott und dieses Universum und verschaffen uns ein Gefühl für ihre Bedeutung, soweit dies möglich ist.

Aum weist auf Brahma hin. Gleichermaßen stehen die anderen Ton-Zeichen für Gott in seinen verschiedenen Aspekten. Sie alle tragen zu unserer Meditation über Gott und zu unserem Bemühen bei, Weisheit zu erlangen.

Kapitel 12

Über Aum hat es schon viele Erörterungen gegeben. Am bemerkenswertesten ist das Gespräch zwischen Swami Vivekananda [einem hinduistischen Mönch und Gelehrten] und seinem Schüler Saratchandra Chakrobarty, das 1897 in Kalkutta stattfand.

Swami Vivekananda sagte: "Die subtile Form von allem, was wir in diesem Universum sehen, ist der Ton."

Schüler: "Swami, wenn nichts hier ist, worauf richten wir dann den Ton? Wie bestimmen wir die Namen von Objekten?"

Swami Vivekananda: "Das kann beim ersten Hören so sein. Stell es dir einfach so vor. Wenn der Topf zerbrochen ist, wird dann sein Prinzip (das Prinzip, ein Topf zu sein) ebenfalls vergehen?"

Schüler: "Nein."

Swami Vivekananda: "Nun höre, warum nicht. Der Topf ist grob. Das Prinzip, ein Topf zu sein, ist der subtile Zustand des Topfes, nicht wahr? Ist der Ton des Zustands dasselbe? Der Zustand des Tons aller Dinge ist ihr subtiler Zustand. Die Dinge, die wir sehen, hören, fühlen, riechen oder schmecken, sind die grobe Entwicklung jener, die in ihrer subtilen (Ton-) Form existierten – Ursache und Wirkung."

Schüler: "Könntet Ihr ein Beispiel anführen?"

Swami Vivekananda: "Der Mangosamen ist die Ursache. Der Mangobaum ist die Wirkung. Die Wirkung entsteht aus der Ursache."

Schüler: "Das verstehe ich nicht."

Swami Vivekananda: "Sieh, auch wenn alle Töpfe der Welt verschwunden sind, so bleibt dennoch der Ton 'Topf' bestehen. Ist es jetzt klarer?"

Schüler: "Ja."

Swami Vivekananda: "Warum sollten diese Töne, die dieses Prinzip des Bewusstseins kennzeichnen, nicht fortbestehen, auch wenn die Materialien, aus denen das Universum besteht, zerstört werden? Warum sollte nicht daraus eine neue Generation entstehen?"

Schüler: "Aber Swami, wenn wir 'Topf ... Topf' rufen, muss das dann nicht unbedingt auch eintreten."

Swami Vivekananda: "Wenn wir das rufen, kann sich der Topf tatsächlich nicht materialisieren. Aber wenn die Erinnerung an den Topf dem göttlichen Konzept Brahma bewusst wird, dann entsteht der Topf wieder. Soll ich dir wirklich etwas über Brahma erzählen, wenn spirituelle Meister alles durch reine Willenskraft formen oder neu formen können? Selbst vor der Schöpfung existierte Brahma bereits als Ton. Dann kam Aum. Oder der Schall. Später kamen verschiedene vorher existierende Töne wie 'bhu: Bhuva: Swa:' oder 'Gou: Manava: Ghata: Pada:' hinzu. Als Brahma, 'das göttliche Konzept', diesen Ton der Reihe nach visualisierte, traten unterschiedliche Dinge mit unterschiedlichen Eigenschaften eines nach dem anderen ins Dasein. So entwickelte sich dieses Universum mit all seinen Merkwürdigkeiten. So wurde der Ton die Ursache der Schöpfung."

Schüler: "Ich habe nur eines verstanden, aber nichts wirklich begriffen."

Swami Vivekananda: "Etwas zu begreifen oder direkt zu erfahren, ist das denn so einfach, Kind? Wenn der Geist tief in Brahma eintritt, durchläuft er alle diese

Stadien eines nach dem anderen und erreicht schließlich ein Stadium, in dem er eins mit Gott ist. Wenn er in den Mund von Samadhi eintritt, scheint das ganze Universum ein Ton zu sein. Dann löst sich alles im erhabenen Pranava-Ton (Aum) auf. Dann wird auch dieser still. Wir fragen uns, ob er da ist oder nicht. Das ist der Ton ohne Anfang. Er verschmilzt mit Brahma. Ja, es ist vorbei. Alles ist friedvoll."*

Denken wir hier nochmals an die vier Aspekte Wachen, Träumen, Schlafen und Turiya in der Wissenschaft des Yoga. Es heißt, dass AUM für die Götter Brahma, Vishnu und Maheswara [Shiva] steht. Aum weist auf die Dreifaltigkeit Vedatraya hin. Alle drei Götter verschmelzen darin. Deshalb kommt Aum in der Meditation eine so außerordentliche Bedeutung zu.

Kapitel 13

Die Meister sagen, dass die angemessene Verwendung von AUM darin besteht, JA zu sagen. Deshalb wird der Buchstabe Aum zum Gegenspieler des Buchstabens "Na". "Na" ist immer negativ, da es 'NEIN' bedeutet.

Aum ist das Symbol des Theismus'. Die andere Form von Aum ist "Am".

Pranave arambha sweekare anumatou mangale subhe brahmami

Pranave steht für Aum, *arambha* für Anfang, *sweekara* für Willkommen, *anumatou* für Einvernehmen, *mangale* für Gnade und *subhe* für Glück, was Brahma (*brahmami*) ist.

In den Upanishaden heißt es: Über den Himmel schwebend ist ein Ton wie das Brummen eines Kreisels von der Sonne hörbar. "Esha adithya Aum ithi hi swenanu ithi." Von ihr ist der Ton Aum hörbar.

Ich zitiere, wie Acharya Vinobaji in seiner Gita Pravachana Aum beschreibt. Beginnen wir mit einem Spruch aus der Gita: "Aum tat sat ithi mirdeso Brahmana sthrividha smritha." "Aum tat sat" steht für Brahma. "Brahmana sthena Vedacha Yajnacha Vihitha Pura." Das bedeutet, Vedas, Yajnas und Brahmanas wurden daraus erschaffen, es gibt also drei Ebenen: Sadhaka (der Praktizierende), Sadhana (das Praktizieren) und die Anleitung zum Praktizieren.

"Aum tat sat" ist der Name der höchsten Seele. Es ist eine Kombination aus Aum, TAT und SAT. Aum erscheint in den Veden und Upanishaden, aber nicht im Rigveda. Der Rigveda ist der Veda des Wissens, der Yajurveda hat mit Kriya (Handlung) zu tun, der Samaveda mit dem Willen und der Atharvaveda ist der Text des Wissens, Willens und Handelns - eine Kombination aller anderen Veden.

Um brahmisches Wissen zu erlangen, sollte man diese vier Veden studieren:

Wissen durch Brahmacharya,
Handeln durch einfaches Leben,
Integrität durch Vanaprastha,
Selbsterfahrung durch Sanyasa.

Von den vier Veden besteht jeder aus drei Teilen –
(1) Samhita, (2) Brahmana, (3) Upanishad.

Samhita beutet "Textsammlung". Nur die Samhita ver-
dient den ewigen vedischen Namen. Die Samhita
besteht hauptsächlich aus Mantras, in denen über die
Grundprinzipien aller Dinge meditiert wird. Wenn die
im Ton gelöste Kraft in einer bestimmten Reihenfolge
kombiniert wird, entsteht dadurch besondere Energie.

Der Rigveda besteht aus 10 Mandalas. Er enthält 1.017
Hymnen. Der Yajurveda hat 1.886 Mantras. Es gibt
460 Hymnen im Samaveda und nur 131 Mantras im
Atharvaveda. Es gibt 108 Upanishaden.

Interessanterweise gibt es eine Upanishad namens
Allupanishad (Allahu-Muslim), die auf Geheiß von
Kaiser Akbar verfasst wurde.

Die Veden lassen sich in den Krishna-Teil und den
Sukla-Teil unterteilen. Wie die Titel schon vermuten
lassen, ist der Krishna-Teil reine Dunkelheit, während
Sukla hell ist.

Der Rigveda befasst sich mit Medizin und dem
göttlichen Ton. Es geht darin um Ayurveda. Der
Yajurveda umfasst den Dhanurveda [das Wissen vom

Bogen], d. h. die Staatskunst. Heute ist es die Kriegskunst. Der Samaveda [Wissen von den Gesängen] befasst sich mit Gandharva Veda [der klassischen Musik der vedischen Hochkultur]. Es geht darin um Kunstformen wie Musik. Im Atharvaveda geht es im Wesentlichen um die Kunst der Skulptur, er beschäftigt sich aber auch mit schwarzer Magie.

Über Aum werden Sie im Rigveda nichts finden, allerdings taucht darin das Wort auf, von dem es abstammt. Die Gelehrten sagen, dass das hierfür verwendete Wort Vyoman lautet! Sehen wir uns die Bedeutung des Wortes an. Es bedeutet: "Der, der im Himmel deines Herzens wohnt." Wer ist das? Die höchste Seele! Sie ist überall. Sie ist allgegenwärtig. Wo existiert sie? In unserem Herzen. Aum kommt von Vyoman.

Vor den Lippen ist kein Raum, um Töne auszusprechen. Hinter dem Rachen gibt es keinen geeigneten Raum, um Töne zu erzeugen. Daher ist Aum das Echo der Resonanz und des Tons, die im Himmel erzeugt werden.

Kapitel 14

Sehen wir uns nun einmal an, wie Buchstaben erzeugt werden. Buchstaben werden erzeugt, indem das Wissen heraufbeschworen wird, das in den Mysterien des Prakriti-Purusha-Universums liegt. Wir lernen Dinge hauptsächlich dadurch, dass wir sie sehen und hören. Und wir verstehen mehr durch Sehen als durch Hören. Somit sind die Augen wichtiger als die Ohren.

Der Ton, den wir hören, und das Licht, das wir sehen, ergänzen sich gegenseitig. Auch Buchstaben geben dem Wissen eine visuelle Form.

Das Wort ist Feuer. Feuer hat Leuchtkraft. Es hat auch Energie. Wenn Sie also fragen, wer Gott ist, so gibt es eine Antwort darauf. Ist er wie der Ton? Der Ton besitzt weder Form noch Aspekte. Aber er besitzt Existenz.

Die bewusste Form wird Seele genannt. Die Seele wird auch mit dem Himmel verglichen. Der Himmel haftet an nichts an. Gleichzeitig ist er rein. Subtil. Alles durchdringend. Ist so die Seele? Die höchste Seele.

Die Buchstaben entstanden im Einklang mit Tönen. In einem Buchstaben können wir die Beziehung zwischen dem Shiva-Dreieck und dem Shakti-Dreieck erkennen. Das Dreieck zeigt die Eigenschaften von Shiva, aber das Shakti-Dreieck ist blattförmig.

Kommen wir nun zum Aspekt und zu den Formen des Tons. In der tantrischen Sprache gibt es männliche und weibliche Töne. Es gibt vier Unterschiede zwischen dem Männlichen und dem Weiblichen. "Sabdosmasru sthano linga", d. h. Ton, Haar, Brust und Genitalien.

Sehen wir uns einmal an, wie diese Unterschiede zwischen dem Männlichen und Weiblichen in Ton-Zeichen verwandelt wurden:

Aa – Ton आ

Ee – Haar ई

Uu – Geschlechtsorgan ऊ

Um – Brust ॐ

Um dieses Symbol der Tonschwingungen auszusprechen, nehmen Sie einfach Aa (आ) in der langen Form hinzu. Dann Ee (ई), das ist wie Haar am Kinn oder auf dem Kopf. Der Buchstabe Uu (ऊ) wiederum erinnert uns an das Sexualorgan.

Der Buchstabe Um (ꜱ) sieht im Sanskrit aus wie eine Brust. Sehen Sie sich nun einmal die lateinische Schrift an:

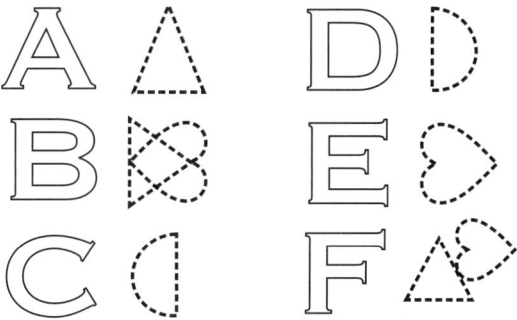

Die lateinische Schrift ist nicht so vollkommen wie das Sanskrit.

Akshara bedeutet Glöckchen. Buchstaben sind wie Girlanden aus Glöckchen. Drehen wir das Wort einmal (mit minimalen Änderungen) um – Raksha. Es bedeutet Befreiung von Unwissen.

Hier kann man etwas Interessantes beobachten.

Steht die Form der langen und kurzen Variante des Tons in Verbindung mit der Form von Tönen, wo diese Buchstaben ausgesprochen werden?

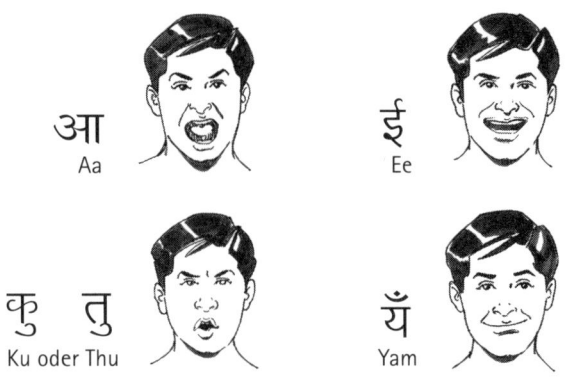

आ
Aa

ई
Ee

कु तु
Ku oder Thu

यँ
Yam

Das Sanskrit beginnt mit dem Buchstaben "Aa" (अ). Die meisten Sprachen der Welt beginnen mit "Aa" (अ) "A" – Alpha, Alish. In vielen Sprachen ist der zweite Buchstabe das B (Ba)! Indische Weise sagen, dass "Aa" (अ) den Anfang kennzeichnet. Der letzte Buchstabe ist "Ma" (म). "Aa" können wir nur aussprechen, wenn wir den Mund gut geöffnet haben. "Ma" (म) können wir nur aussprechen, wenn wir den Mund gut geschlossen haben. Öffnen Sie die geschlossenen Lippen, und es entsteht der Ton "Ba" (बा).

"Aa" (अ) kommt zuerst, danach "Ba" (बा) und zuletzt "Ma" (म).

Kapitel 15

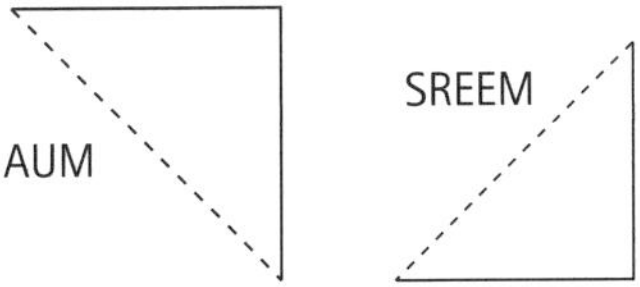

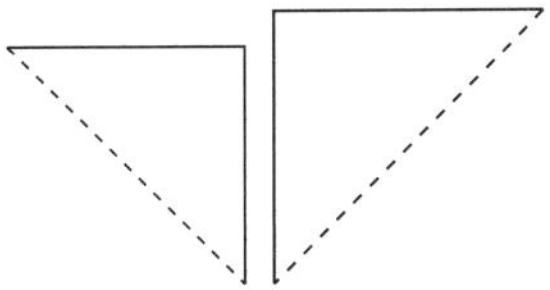

◁ AUM ist das Purusha-Dreieck, es hat einen größeren Umfang als Sreem.

◁ AUM und SREEM müssen sich vereinigen, um Bewegung in diesem Universum hervorzurufen.

Kommen wir vom Buchstaben Aum (ॐ) nun zu Sreem (श्री). Die Essenz der Form von Sreem können wir aus der Form des Buchstabens Aum ersehen. Da Aum in Aa (अ), Uu (ऊ) und Ma (म) aufgeteilt ist, kann der Buchstabe Sreem als Kombination der Töne Sa (स), Ra (र) und Ee (ई) betrachtet werden. Wir können Aum auch als männliche Kategorie und Sreem als weibliche betrachten.

Eine Prakriti-Purusha-Kombination ist ebenfalls möglich. Das Ende von Aum ist Ma, während Sreem im unendlichen Ee (ई) ausklingt.

Brahma endet in Um (Am) oder Ma (म) (Gott heißt Brahma). Und der Buchstabe Ee (ई) steht für Macht, Aum Brahma.
Sreem ist seine Macht. Wenn Aum der Anfang ist, ist Sreem (श्रीं) sein Ende.
Wenn Aum Gott ist, ist Sreem seine Gnade.
Wenn Aum Schöpfung, Erhaltung und Zerstörung ist, ist Sreem Zerstörung, Verschmelzung und Segen. Es ist der Schritt zur Schöpfung.

Wenn Aum abstrakt ist, ist Sreem konkret.
Wenn Aum keine Eigenschaften hat, hat Sreem Eigenschaften.

| im Uhrzeigersinn | gegen den Uhrzeigersinn | gegen den Uhrzeigersinn |

Aum vereint sich mit Sreem und verursacht so eine wellenartige Bewegung des Universums. Mantras entstehen, wenn Aum zu bestimmten Wörtern hinzugefügt wird. Wenn Sreem (श्री) hinzukommt, entsteht ein Adjektiv.

Wenn zum Beispiel Omkaram eine Deepam (Lampe) ist, ist Sreemkaram ihr Prakasam (Licht).
Wenn Omkaram eine Pushpam (Blume) ist, ist Sreemkaram ihr Sugandham (Duft).
Wenn Omkaram Vishnu ist, ist Sreemkaram seine Frau Lakshmi.
Wenn Omkaram Paramatma (die höchste Seele) ist, ist Sreemkaram Prapancham (das Universum).

Wie wird Aum geschrieben?

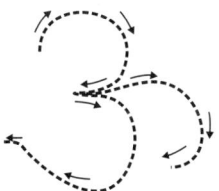

Bewegung nach rechts
Purusha

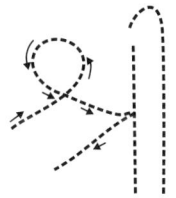

Bewegung nach links
Prakriti (Sakthi)

Es wird nach rechts geschrieben. Es beginnt oben, neigt sich ein wenig, geht nach unten, biegt sich noch einmal und geht wieder nach oben. Mit dem Schwanz, dem Halbmondzeichen und dem Punkt (·) wird es zu Aum.

Sreem beginnt unten (links) und geht nach oben. An der Spitze neigt es sich etwas nach rechts unten, und mit dem Vokalzeichen, dem Halbmondzeichen und dem Punkt wird es zu Sreem.

Das erste Zeichen ist brahmische Macht (nach rechts, hoch oder zur Befreiung).

Das zweite Zeichen geht nach unten, zur Gebundenheit.

Aum ist Wissen. Das, was befreit.

Sreem ist Gnade. Es erhält die Bindung. Gnade ist Gebundenheit. In Abhängigkeit von Gnade können wir zur Befreiung schreiten. Es erfordert auch, über Macht und Energie zu meditieren.

Die Meditationsform für Aum ist Shivalinga [Symbol für den Gott Shiva]. Für Sreem ist es das Sreechakra [ein kosmisches Kraftsymbol].
Wir können den vedischen Weg den Weg von Aum nennen. Den tantrischen Weg nennen wir den Weg von Sreem.

Im Sanskrit bedeutet Sreem Reichtum. Und es bedeutet auch Gnade.

Es hat jedoch noch eine weitere Bedeutung: Gift.

Aber es gibt noch mehr: Sreem befindet sich links von Aum. Deshalb sitzen oder stehen hinduistische Frauen in der Hochzeitszeremonie auf der linken Seite. (Aum ist Purusha, und Sreem ist Prakriti.) Der linke Teil steht für Genuss und Gnade.

Werfen wir einmal einen Blick auf die hinduistische Numerologie. Die 1 ist Purusha. Die 2 ist Prakriti.

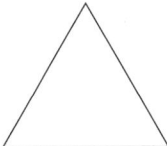

Die Kombination von Purusha und Prakriti, also 3 (1+2), ergibt ein Dreieck.

Das Zeichen für Gott ist ein Dreieck. Die Dreifaltigkeit umfasst die Götter Brahma, Vishnu und Shiva.

Dieses Dreieck ist das Zeichen für Prakriti. Das Dreieck hat Länge und Breite.

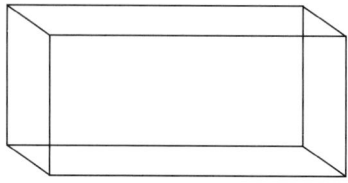

Wenn es an Dicke zunimmt, wird es zu einer 4. Das Rechteck ist die unendliche Form. Alles wird zu Nichts. Dies ist die Seele.

Der menschliche Körper ist die 3, d. h. 1+2=3 (Prakriti und Purusha). Zur Entstehung eines Menschen sind Seele und Körper notwendig. So entsteht 4+3=7. Tiere haben keine Seele, nur einen Körper. Ihre Zahl ist die 3. Nur der menschliche Körper hat eine Seele.

Das Dreieck ist die Form der 3, das Fünfeck ist die Form der 5.

8 bedeutet Bewegung. Es ist eine verkettete Bewegung (∞). Es ist auch das Zeichen für Atmung. Die 8 ist eine Kombination aus zwei Dreien. Wie unsere Nase – das Zeichen für Atmung.

Nase

Die 10 ist das Zeichen für alle Grenzen. Sie bringt alle Zahlen zurück zur Einheit. Die ideale Zahl, die Gott bildet, die Gesamtheit und das Individuum, ist die 10 (1+2+3+4), Purusha + Prakriti + Körper + Seele. Die Gesamtzahl ist die 10. Dem Sankhya Sastra [hinduistische Numerologie] zufolge ist die 10 das Ende – Poornatha (Vollkommenheit).

Ungerade Zahlen bedeuten Göttlichkeit, während gerade Zahlen materielle Dinge bezeichnen. Pythagoras' Theorie besagt, dass gerade Zahlen für Dualitäten stehen, Prakriti, der Anfang von Sünde und Traurigkeit.

Kapitel 16

Die Welt hat drei Formen: Vergangenheit, Gegenwart und Zukunft. Etwas wird erschaffen, erhalten und zerstört.

Das Leben hat drei Stadien: Geburt, Leben und Tod.

Für jede Bewegung gibt es drei Verläufe: Anfang, Mitte und Ende.

In unserer Vorstellung ist das Erste, was uns in den Sinn kommt, eine gerade Linie. Diese verläuft dann in vier Richtungen und ergibt ein Quadrat. Dieses Quadrat wird nun als Kreis gesehen. Dieser wird zu einem Dreieck, dann zu einem Kala – wieder zu einer Kugel. Der Kreis zieht sich zu einem Punkt zusammen. Jeder Punkt kann jederzeit zu einem Kreis und einer Kugel werden.

Wir können uns vorstellen, dass alles mit einem Dreieck beginnt. Im Dreieck sind alle drei Seiten (Gott, Universum und Leben) von Bedeutung. Gibt es Gott?

Wenn ja, wurde das Universum von ihm erschaffen? Sind Gott und Energie dasselbe? Sind wir Götter? Die Antworten können wir im Dreieck finden.

Das "Ich" ist die Seele; Brahma ist die einzige Ursache, der Mittelpunkt des Universums. Das "Ich" sitzt in der Mitte einer Seite. Die Seite, auf der das "Ich" sitzt, erstreckt sich nach links und rechts. Stellen wir uns nun ein Dreieck an der Stelle vor, wo wir sitzen (siehe Abbildung). Die beiden anderen Seiten treffen aufeinander, wann dies möglich ist. Das Universum und sein Schöpfer treffen aufeinander. Sie begegnen sich dort, wo das Leben sitzt.

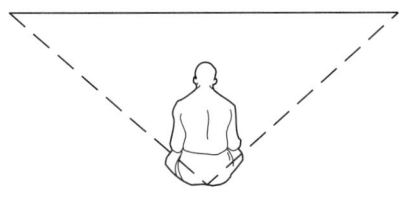

Weg des Prakriti

Das "Ich" sitzt dort, wo die Mittelpunkte beider Seiten aufeinandertreffen. Die unsichtbare Ebene der beiden Seiten verbindet die beiden Grenzen des Universums in einer geraden Linie.

Es gibt zwei getrennte Wege. Der eine ist der Weg des Brahma, der andere der Weg der Energie. Die Veden befassen sich vor allem mit dem Weg des Brahma, das tantrische System mit dem Weg der Energie. Wir haben dies bereits als männliches und weibliches Zeichen erwähnt.

Das Dreieck im Mantra wird "Kutam" (Gefäß) genannt. In der Meditation ist es Sakthi (Energie). In den Puranas ist es Yoni, im Yoga ist es Kundalini, im Vastu ist es Kshetra und im Tantra ist es Yoni. Das umgekehrte Dreieck ist das weibliche Zeichen.

Das nach oben gekehrte Dreieck ist das Zeichen für Shiva. Es ist die Form von Shivalinga. Alles, was nach oben strebt, hat die Form des Linga.

Sehen wir uns nun an, ob Aum Shivalinga ist.

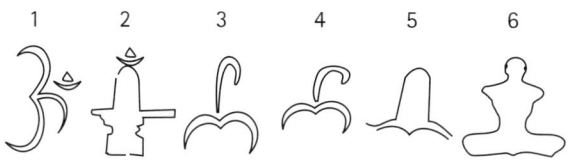

Aum und Shivalinga sind fast gleich.
Die menschliche Form ist ebenfalls ein Shivalinga.

Bei der Meditation über Brahma nimmt
auch der Körper die Form von Aum an.

Der Gott Ganapathi hat die Körperform von Aum.

Sogar die menschliche Form ist Aum.

Die Form von Shivalinga ist in den sieben Punkten unseres Körpers gegenwärtig: Kopf, Nase, Zunge, Brust, Herz, Finger, Genitalien.

Die Finger ähneln dem Linga. Wie sieht die Linga-Mudra aus? Falten Sie alle Finger, und strecken Sie dabei die Daumen nach oben. Dies ist die Linga-Mudra.

Ich finde es nützlich, wenn wir hier einige Konzepte von Shivalinga näher erörtern.

Alle Bewegungen in der Welt nehmen einen rechteckigen Verlauf. Vielleicht hat Shivalinga deshalb eine solche Form. Eine Energie, die immer höher steigt, die droht, alles zu öffnen, was verborgen ist. Es symbolisiert den formlosen Brahma. Nach dem Tod der Göttin Sati lief Shiva nackt und wie von Sinnen umher. Die Weisen waren aufgebracht über seine Schamlosigkeit. Sie fluchten, das Geschlechtsorgan von Shiva möge abbrechen, und einige glauben, dies sei mit Shivalinga gemeint.

Andere Meister sagen, dass die Göttin Kali wie von Sinnen war, als sie unerwartet auf Shivalinga traf. Shiva säte seinen Samen in Kali, die daraufhin alles in diesem Universum gebar.

Ein weiterer Gedanke ist, dass Shivalinga das flammende Licht ist, das zwischen Shiva und Brahma stand, als sie um die Vormacht kämpften. Das Wort Linga enthält "lam" und "gam". "Lam" ist Erde, "gam" ist Himmel. Es bedeutet somit: das, was Erde und Himmel anfüllt – oder was Erde und Himmel verbindet.

Kapitel 17

Trisulam: der Dreizack.

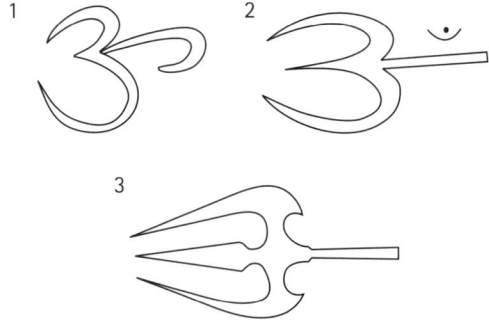

Om Shanthi, Om Shanthi, Om Shanthi. Das erste Shanthi (Frieden) steht für das Spirituelle, das zweite für das Göttliche. Das dritte Shanthi steht für das Materielle (den Elementen Entsprungene), d. h. Trisulam (Sulam bedeutet Speer).

Wenn Prakriti ($\triangledown$) und Purusha ($\triangle$) zusammentreffen, findet Schöpfung ($\maltese$) statt. Wenn sie koexistieren, ist es Erhaltung ($\triangleleft\triangleright$), es ist Schutz, wenn sie getrennt sind ($\triangledown$). Zur Seite gedreht ist es Zerstörung ($\triangleright\triangleright$). Das ist der Dreizack $—\subset$.

Der Dreizack hat die Form von Aum. Der Dreizack steht für Zerstörung. Sulam (Speer) bedeutet Leiden des Reichtums. Er wird Trisulam oder Dreizack genannt, weil er alle drei Leiden zusammen aufreiht.

Die Legenden sind reich an kriegerischen Geschichten über Götter und Dämonen. Der Dreizack wurde erschaffen, um die drei Städte der Dämonen zu vernichten. Jede Stadt war aus Gold, Silber bzw. Eisen. Jeder Zacken des Dreizacks bestand aus dem jeweiligen Material.

Der Gott Shiva zerstörte diese drei Dämonenstädte mit seinem Dreizack.

Die drei Zacken stehen für Wissen, Macht und Loslösung. Die tamasische Eigenschaft [Dunkelheit, Trägheit] kann durch Hingabe überwunden werden, die sattvische [Reinheit, Ausgeglichenheit] durch Wissen und die rajasische [Leidenschaft] durch Loslösung.

Vedisch betrachtet hat der Dreizack drei Fehler: geistig, göttlich und materiell (elementar). Er blockiert unseren gesamten geistigen und materiellen Fortschritt.

Was sind geistige Fehler? Es sind die Fehler in Körper und Geist. Mit dem Elementaren sind Naturkatastrophen und ähnliche Gegebenheiten gemeint. Fehler göttlicher Natur sind solche, die unerwartet auftreten.

Das Heilmittel hierfür liegt darin, drei Runden Aum Shanthi zu singen.

Das Geistige, das Göttliche und das Materielle werden Taoatratas genannt. Diese drei Erfahrungen verursachen Leid.

Das geistige Leid findet in unserem Selbst statt, zum Beispiel in Form von Angst, Friedlosigkeit, Unheil, Feindschaft, Krankheit, Lastern und Waffengewalt.

Die elementaren Makel kommen entweder vom Universum oder von den fünf Elementen (Pancha Bhutas). Dies sind Himmel, Luft, Feuer, Wasser und Erde.

Sie können viele Schäden verursachen. Dazu gehören Blitzschlag und Sonnenstich (vom Himmel); Taifun, Rauch und Giftgas (aus der Luft); Explosionen und Feuer (vom Feuer), Überflutungen und Schnee (vom Wasser) sowie Vulkanausbrüche und Erdbeben (von der Erde).

Schäden göttlicher Natur geschehen unerwartet. Es können Krieg, Bürgerunruhen oder ähnliche Gefahren sein.

Auch das Symbol der yogischen Wissenschaft ist ein Dreizack. Die drei Hauptpfade des Yoga-Systems sind Wissen, Hingabe und Handeln.

Der Dreizack ist das Symbol der Zerstörung. Daher verschmilzt alles in der Natur mit diesem Universum, wenn es zerstört wird. Purusha verschmilzt mit dem Hauptelement und wird zu nichts.

Das Dreieck mit den Zacken nach oben ist Purusha, das umgekehrte Dreieck ist das Weibliche. Was wie ein Blatt nach oben oder unten zeigt, ist das Hauptelement.

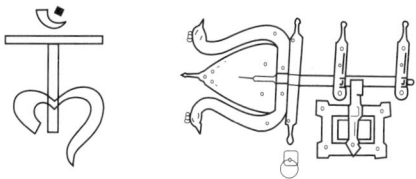

Im Sanskrit hat ळ die Form eines Blattes. In alten indischen Häusern findet man noch dreizackähnliche Schlösser. Das Manichitra-Schloss ist ein solches Dreizackschloss; seine drei Zacken sollen das Haus schützen.

Der Dreizack beseitigt also alle Schäden der drei Zeiten (Vergangenheit, Gegenwart und Zukunft), der drei Eigenschaften (Sattva, Rajas, Tamas), der drei Richtungen (links, rechts und oben), der drei Fehler (Lust, Ärger und Angst), der drei Welten (Welt, Himmel und Unterwelt), der drei Anthakaranas (Geist, Intellekt und Ego), der drei Körper (fest, subtil und ursächlich) und der drei Leiden (geistig, elementar und göttlich).

Kapitel 18

Analysieren wir nun einmal die Pancha Bhutas oder fünf Elemente. Bhuta bedeutet Vergangenheit. Die moderne Wissenschaft teilt Materie in die Zustände fest, flüssig, gasförmig und plasmisch ein. Das ist für sie die Form des Universums.

Die Unterteilung der Pancha Bhutas ist wesentlich subtiler. Wir können das grobe Wissen des Universums als Erde bezeichnen. Damit gleichbedeutend und weit verbreitet ist Wasser. Beide haben eine grobe Existenz.

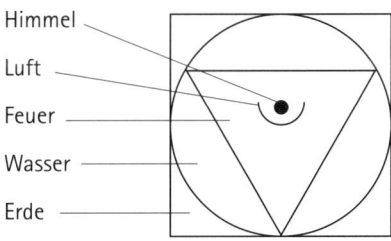

Aber Feuer gibt es sowohl in subtiler als auch in grober Form. In einer sehr subtilen Form ist Feuer in allen

Materialien enthalten. Feuer kann durch Reibung hervorgerufen werden. Wenn zwischen zwei Dingen Reibung erzeugt wird, entsteht deshalb erst Wärme und dann Feuer. Obwohl die Luft grob ist, ist sie in ihrer Essenz subtil.

Der Himmel ist ein Zustand, in dem alles dünner und dünner wird. Der Raum zwischen zwei Gegenständen ist der Himmel.

Zuerst der Himmel. Er geht über in Luft. Luft wiederum geht über in Feuer. Das Feuer geht über in Wasser. Und Wasser geht über in Erde. Natürlich ist die Erde kugelförmig, aber wir sehen, dass sie sich in vier Richtungen erstreckt. Daher sehen wir die Erde als flach und in vier Richtungen verlaufend: Himmel, Luft, Feuer, Wasser.

Sehen wir uns diese nun getrennt voneinander an.

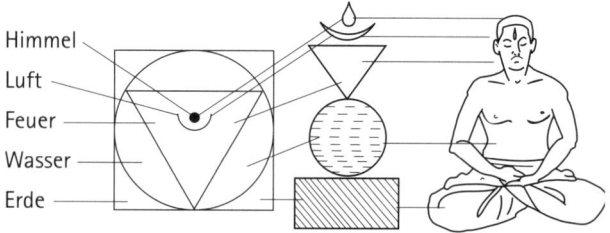

Himmel
Luft
Feuer
Wasser
Erde

Die Farbe der Erde ist Grün. Grün hat die Tiefe der tamasischen Eigenschaft.

Wasser kann mit einem Kreis bezeichnet werden. Wasser versucht stets, die Form einer Kugel anzunehmen. So ist sein Wesen. Selbst, wenn es längs fließt, nimmt es die Form eines Kreises an, sobald es aufgehalten wird. Farbe: Blau. Es steht für Tiefe.

Feuer ist dreieckig. Es beginnt mit einer kleinen Flamme und breitet sich aus. Farbe: Rot.

Die Luft hat das Zeichen des abnehmenden Mondes. Sie ist dynamisch und dünn. Farbe: Hellgelb.

Die Farbe des Samens ist die des Himmels. Er ist abgeleitet vom Himmel. Knochen und Mark sind die Elemente der Luft. Sie hat eine hellgelbe Farbe. Die Farbe des Feuers ist die von Blut. Es ist rot. Die Farbe für Fleisch, Fleischigkeit und Fett ist Blau. Wenn Nerven verletzt werden, ist die Farbe ebenfalls Blau.

Gewöhnlich sind Haut und Haar braun oder dunkel, das ist die Farbe der Erde.

Medizinische Systeme wie Ayurveda, Sidha, Akupunktur und Naturheilkunde bedienen sich der Meditation über die fünf Elemente. Zusammen damit werde ich Ihnen einen Überblick über die Panchopachara [Verehrung der fünf Elemente durch Opfergaben] geben.

Der Himmel hat das Symbol der Blüte. Das Symbol der Luft ist Dhupa [Räucherwerk]. Das Symbol des Feuers ist die Lampe. Naivedya [die Speise] ist das Symbol des Wassers, und Wohlgeruch ist das Symbol der Erde. Das ist die Panchopachara.

Haben Sie schon einmal bemerkt, dass in der Puja [hinduistischer Gottesdienst] oft Dinge wie Sandelholz verwendet werden? Was in der Puja zuerst dargeboten wird, ist Wohlgeruch, das Symbol der Erde. Dann kommt die Blüte (Himmel), dann Dhupa (Luft), danach die Lampe (Feuer) und zuletzt Naivedya (Wasser).

Warum wird Wohlgeruch zuerst dargeboten? Weil dies dem Gastgeber gegenüber Wohlwollen zeigt. Für jedes gibt es eine spezielle Mudra, die Zeichen der fünf Elemente. Hier die Mudras in ihrer Reihenfolge:

1. Gandha Mudra (Siegel für Wohlgeruch)

   Diese bezieht sich auf die Erde.

   "Lam pridhwyuvyatmakam gandham"

2. Pushpa Mudra (Siegel für die Blüte)
   Für den Himmel
   "Ham akashatmakam pushpam"

3. Dhupa Mudra (Siegel für Räucherwerk)
   Für die Luft
   "Yam vayu vyatmakam dhupam"

4. Deepa Mudra (Siegel für die Lampe)
   Für das Feuer
   "Ram vahyatmakam deepam"

5. Amrutha Mudra (Siegel für Elixier)
   Für das Wasser
   "Vam amruthatmakam naivedyam"

Kapitel 19

Alle Opfer an die Götter beginnen mit dem Mantra "Aum". Sie enden mit "Swaha". Damit wird die persönliche Gottheit angerufen. "Swa" bedeutet Himmel oder Swarga. "Aha" bedeutet anrufen.

Swaha ist die Gefährtin von Agni, dem Gott des Feuers. Von den acht Manifestationen Shivas, die Ashtamurthis genannt werden, ist Pasupathi Swahas Gemahl und der Gott Skanda Swahas Sohn.

Im Samaveda Brahmana hat "Swa" zwei Bedeutungen. Die eine lautet "Seele", die andere "eigenes Volk". "Aha" hat vier Bedeutungen: reden, sprechen, opfern und gehen. "Su" hat nur eine Bedeutung: gut.

Die Göttin Devi [die alle anderen Göttinnen in sich vereint, der schöpferische Aspekt von Brahman] sieht den zu ihr Betenden nicht als von ihr verschieden an. Sie sieht sich als einer der Betenden. Sie denkt, die zu ihr Betenden seien wie sie. Devi besitzt die Fähigkeit zu begreifen, die Fähigkeit, sich zu erinnern. Im Lauf der Zeit vergessen wir viele Dinge und erinnern uns an bestimmte andere Dinge. Dies kann "medha" oder Intelligenz genannt werden. Es ist Devis Gnade.

Es gibt nur eine Göttin, die alles Wissen besitzt: Saraswathi. Sie ist die Manifestation von Intelligenz. Es ist wunderbar, wenn etwas sichtbar wird, nachdem es verschwommen war. Wir können solches Wissen "Shruthi" nennen. Es ist Devis besondere Fähigkeit. Wir wünschen uns Devis Hilfe, um zuzuhören, zu begreifen und Wissen zu erlangen. Devi zeigt sich als Shruthis [Schriften der Offenbarung]. Alles, was wir vom Meister lernen, können wir als Shruthis bezeichnen.

Was sind dann die Smrithis [Schriften auf der Grundlage der Shruthis, überlieferte Tradition]? Devi weiß alles, was geschehen ist, geschieht und geschehen wird. Die Werke, die auf der Grundlage bekannter Veden und Vedanthas erschaffen wurden, werden als Smrithis bezeichnet. So wird die Bhagavad Gita zu einer Smrithi und enthält damit Smrithi und Intelligenz.

Smrithi erfordert gründliches Denken. Hier steht Devi für die Macht des eigenen Geistes. Denken wird zu der Fähigkeit zu verstehen. Wenn wir durchgehen, was geschieht, erkennen, was geschehen ist, sieht das Auge unseres Geistes, was geschehen wird.

Auf einer anderen Ebene sehen wir, dass nichts Devis Gnade gleichkommt. Es ist die Seele. Es gibt nichts, was ihr gleichkommt oder besser ist. Ist Devi, die Manifestation von Brahma, der höchsten Seele, eine Synergie aus Wissen, Stärke und Handeln?

Wissen ist nicht nur Information. Wissen ist die höchste Kunst. Was in den Upanishaden als Seele bezeichnet wird, ist nichts anderes als Devi.

Die Seele erschuf den Himmel. Der Himmel erschuf die Luft. Von der Luft kam das Feuer, das wiederum das Wasser hervorbrachte. Und aus dem Wasser entstand die Erde. Samen sprossen in der Erde, und aus den Samen entstand Purusha.

Unser Körper überlebt durch Gesundheit. Aber das Problem der Elemente führt zu Krankheiten. Krankheiten verursachen einen unglücklichen Geist. Wer den Himmel in Devi findet, dem wird jedes Unglück erspart.

Devi macht unseren Geist friedvoll. Wenn wir gesund leben und am Ende unserer Lebenszeit sterben, ist dies ein zeitgerechter Tod. Aber der Tod kann aufgrund von Unfällen und Krankheiten auch unzeitig kommen. Dies geschieht nicht, wenn wir die Gnade Devis besitzen. Wenn sie uns geistiges Wissen schenkt, werden wir befreit.

Es gibt vier aufeinanderfolgende Zeitalter [die ein Großzeitalter bilden]: Kritha Yuga, Thretha Yuga, Dwapara Yuga und Kali Yuga [Zeitalter des Dämons/Streites/Niedergangs]. Hiervon ist der moralische Verfall in Kali Yuga am höchsten.

Wir brauchen nur Devis Gnade, um von den Sünden von Kali Yuga erlöst zu werden. Wasser kann Feuer löschen, so wie die Sonne die Dunkelheit verbannen kann. Nur Devi kann alle Sünden des Kali Yuga verbannen. Shiva vernichtete Kala, den Gott des Todes. So wird Kalahantri [Zerstörerin der Zeit] Shivas Gemahlin. Devi schützt vor dem Tod.

Kapitel 20

An dieser Stelle ist es sinnvoll, die Meister-Schüler-Beziehung einmal genauer zu betrachten. Die Meister haben Beziehungen in vier Kategorien aufgeteilt: Freund, Feind, Diener und neutral. In der Meister-Schüler-Beziehung ist der Meister der Vorgesetzte und der Schüler sein Diener.

Kein Meister wird von seinem Schüler sagen, dass er nicht qualifiziert ist. Der Meister gibt dem Schüler die Qualifikation, Wissen zu erlangen. Im Bodhewsara wird gesagt, dass der Meister den Schüler in das goldene Licht des Wissens eintaucht, wie man eine gewöhnliche Blüte nimmt und versucht, sie in einen üppigen Lotos zu verwandeln.

Sagen Sie nicht, dass der Meister stets mit Wissen geizt, es sei denn, er würde gefragt. Der Meister akzeptiert den Schüler, wenn er überzeugt ist, dass der Schüler nichts ablehnen wird, was er ihm an Wissen vermittelt. Der Meister weiß, was sein Schüler will, wenn er Vertrauen in den Schüler und seinen Lerneifer hat. Und ein Schüler, der glaubt, dass der Meister ihm alles vermittelt, was er wissen muss, braucht um nichts zu bitten. Hier spielt auch noch eine andere Bedeutung mit hinein.

Buße tun bedeutet, den Geist sorgfältig zu konzentrieren. Die Götter akzeptieren keine Hingabe und Anbetung, wenn sie ohne Sorgfalt daherkommen. Wenn etwas von einer nachlässigen Person getan wird, wird dies keine zuträglichen Ergebnisse haben, egal, was getan wurde.

Was immer der Meister gibt, es wäre nutzlos für einen Schüler, der diese Sorgfalt nicht besitzt. Es ist eine Sünde, so jemandem etwas zu geben, auch, wenn er darum bittet. Die Meister sagen, dass Wissen niemals jemandem ohne Hingabe vermittelt werden sollte. "Verbirg mich, bitte. Gib mich nicht den Neidern oder Betrügern." Das ist das Gebet des Wissens.

Es mag Menschen geben, die sich beim Meister nach seinem Ratschlag beschweren: "Und das soll alles sein? Das wusste ich ohnehin schon." Ein dreister Mensch könnte sagen: "So sollte man das aber nicht ausdrücken. Es sollte so sein." Es mag Schüler geben, die ihren Meister beleidigen: "Ach, womit kommt Ihr denn da an!" Solchen Menschen fehlt es an geistiger Reinheit. Ihnen ist es nicht beschieden, im Leben gut zu werden.

Die Worte eines Meisters sind die höchste Wahrheit. Ein Schüler ist ein Betender mit reinem Herzen – wie jemand, der ein wahrer Verehrer von Devi wird, indem er von ganzem Herzen zu ihr betet. Ein Betender macht die Wahrheit zu seiner Sache. Er könnte niemals übel gesinnt, starrköpfig oder betrügerisch sein.

In den Tantras finden sich machtvolle Mantras. Das erste Mantra hiervon ist das Vidya. Mit den Begriffen Mantra und Vidya wird zwischen den Geschlechtern unterschieden. Bei Göttern ist es ein Mantra. Bei Göttinnen ein Vidya.

Es gibt noch einen weiteren Aspekt. Die Keimbuchstaben können Mantra oder Vidya genannt werden – je nachdem ob Shiva oder Shakti gemeint ist.

Devi kann als Mann, Frau oder Brahma (geschlechtslos) angebetet werden. Diese Formen heißen Gunanidhi (Maskulinum), Sreematha (Femininum) und Paramjyothi (Neutrum).

Pinda ist ein Mantra mit nur einem Buchstaben. Bei zwei Buchstaben spricht man von einem Karthari. Bijam enthält drei bis neun Buchstaben. Die Kombination von 10 bis 20 Buchstaben wird Mantra genannt. Was darüber hinausgeht, ist Mala. Und was ist das "Pancha

Dasakshari Mantra" (ein Devi-Mantra)? Es ist ein "Kadi"-Mantra, das mit dem Buchstaben ka beginnt ["Ka E i La Hrim Ha Sa Ka Ha La Hrim Sa Ka La Hrim"]. Ka ist die Form von Devi. Es ist die Ursache aller Wunderkräfte.

Kapitel 21

Der erste Lichtstrahl des Wissens sind die Veden. Der erste Veda ist der Rigveda. Das erste Mantra der Welt ist das erste Mantra des Rigveda. Und das erste Wort dieses Mantras ist "Agni" (Feuer).

Das Feuer hat sieben Zungen: Licht, Pracht, Funke, Hitze, Farbe, Rauch und eine unerwartete Form. Sie können als die sieben Eigenschaften bezeichnet werden. Es sind die sieben Formen des Feuers.

Im spirituellen Denken ist Licht die Verkörperung der Seele. Es gibt sieben Formen von Licht auf dieser Welt. Von diesen sind fünf – Sonne, Mond, Sterne, Blitz und Feuer – gut sichtbar. Das sechste Licht ist die Dämmerung der Einsicht. Es ist das Licht, das uns hilft, selbst in Dunkelheit zu sehen. Was ist das siebte Licht? Es ist Gott, der das Licht erhellt.

Licht entspringt aus Lampen. Ich werde Ihnen verdeutlichen, wie die Meister das Anzünden einer Lampe mit der Natur des menschlichen Körpers verglichen haben. Das Gefäß, das das Licht enthält, ist wie die Gebärmutter.

Wir gießen Öl in das Gefäß, so wie der Samen zur Befruchtung in die Gebärmutter gegossen wird. Den Docht anzuzünden ist, wie schwanger zu werden.

Das Aufsteigen von Leben ist wie das Aufsteigen der Lampenflamme! Jugend und Alter sind am Wachstum der Flamme erkennbar. Schließlich erlischt die Lampe, so wie der Tod dem Leben ein Ende setzt.

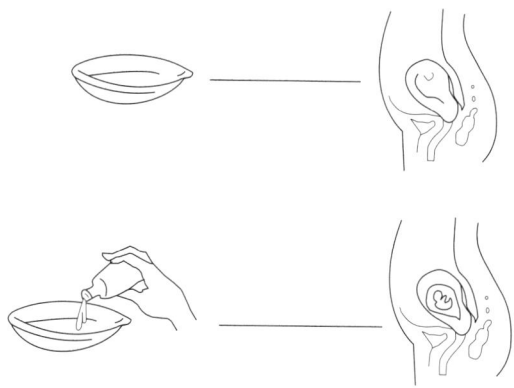

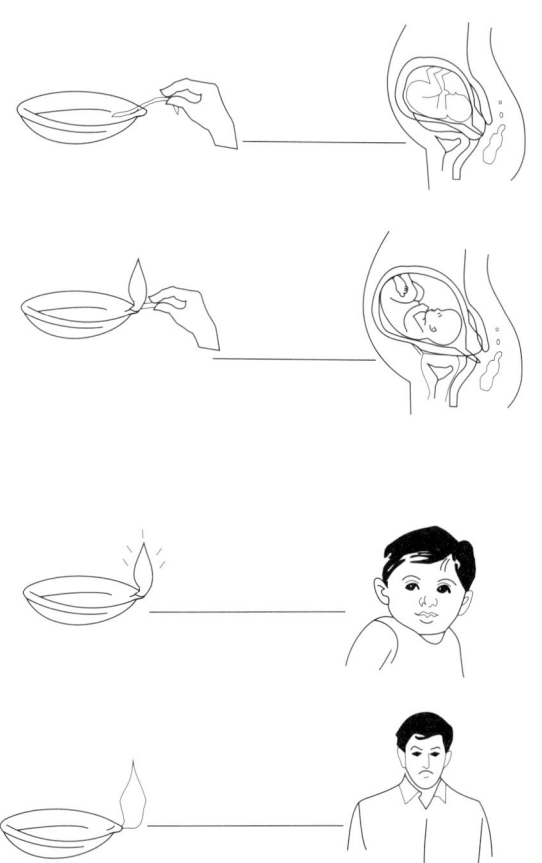

Wir wissen, dass das wichtige Element der Lampe das Feuer ist, aber wir nennen es nicht Feuer. Was in der Lampe von Bedeutung ist, ist das Licht, eine sehr wichtige Eigenschaft des Feuers. Beim Feuer ist Wärme wichtiger als Licht. Die Lampe hat eine spezifische Form, Feuer jedoch nicht. Man kann jeden Brennstoff verwenden, um Feuer zu machen. Aber für die Lampe muss Öl als Brennstoff verwendet werden. Außerdem ist ein Medium notwendig, etwa Stoff oder Baumwolle. Und eine Vorrichtung, um Öl hineinzugießen. Feuer braucht nichts davon.

Mit anderen Worten braucht eine Lampe ein Gefäß, Öl und einen Docht. Ohne diese Elemente gibt es keine Lampe. Aber Feuer braucht nur zwei Elemente

– Brennstoff und Flamme. Um die Lampe anzuzünden, benötigen wir Feuer. Das Gefäß der Lampe ist der Körper. Das Öl ist das Leben. Der Docht ist das Bewusstsein oder Anthakarana. Anders formuliert bedeutet es, das Leben anzunehmen und es zu leben. Hieraus wird auch noch etwas anderes ersichtlich – das Feuer ist allgegenwärtig. Die Lampe ist einfach in ihrer Form. Mit demselben Feuer lassen sich viele Lampen entzünden. Deshalb betrachten die Meister das Feuer als Ursache und die Lampe als Wirkung.

Sie sollten im Gedächtnis behalten, dass die fünf Elemente in der Lampe vorhanden sind. Welche Form die Lampe auch haben mag, sie erfordert Material: Erde, Holz oder Metall, d. h. einen Teil der Erde. Zum Verbrennen ist Öl erforderlich. Das heißt Flüssigkeit. Wir wissen, dass dies das Element Wasser ist. Ohne Luft kann nichts brennen. Ohne Feuer gibt

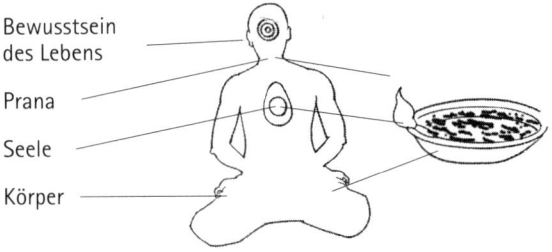

Bewusstsein
des Lebens

Prana

Seele

Körper

es keine Flamme. Und was die Wahrnehmung anbetrifft, so ist der Docht, der Himmel, Zeuge all dessen.

Ich werde oft gefragt, wann man die Lampe entzünden soll. Eine Lampe ist notwendig, wenn wir singen, meditieren und zum Symbol eines Gottes beten (ein Arathi durchführen). Eine Lampe kann zu den drei Zeitverknüpfungen entzündet werden, d. h. zu den Sandhyas – in der Morgendämmerung, vor der Mittagszeit und abends nach dem Sonnenuntergang.

Einige Menschen stellen die Lampe auf den Boden. Das sollten Sie jedoch nicht tun. Stellen Sie die Lampe auch niemals um. Entzünden Sie niemals erneut den Rest des niedergebrannten Dochtes. Bei einer ewig brennenden Lampe kann ein neuer Docht oder ein Kerzenhalter entzündet werden. Entzünden Sie ebenso niemals ein Sandelholzstäbchen oder eine Kerze direkt an einer Lampe. Während die Lampe brennt, steigt Aum auf. Aum ist immer dort, wo Bewegung ist.

Kapitel 22

Aum beinhaltet Brahma, Vishnu und Maheswara [Name für den Gott Shiva]. Es zeigt Vedatraya (die drei Formen) an.

Alle Götter sind darin im Einklang. Deshalb kommt Aum in der Anbetung solch eine große Bedeutung zu.

In den Mandukya und Chandogya Upanishaden finden wir ausführliche Beschreibungen von Aum. Die Pranava-Meditation ist im Gargyayana beschrieben. Dr. Bhagavan Das schreibt in seinem Buch *The Science of the Sacred Words*: "Jemand, der die Essenz von Aum kennt, kennt nur die Veden."*

Amarkosa sagt: "Omkara Pranou samou." Aum wird aus der Wurzel "av" abgeleitet, was "retten" bedeutet, oder aus der Wurzel "ap" ("erreichen, erfüllen"). Aum tritt zum ersten Mal im Krishna Yajurveda [einem der vier Veden] in Erscheinung. Dort heißt es Pranavam.

Pranavam wird gebildet, indem Pranava zur Wurzel "nu" hinzugefügt wird, was "preisen" bedeutet.

Was ist Pranava?

Im Sanskrit ist es Pranava (प्रणव). "Pranava" ist das geeignetste Wort zur Bezeichnung von Aum.

Hier seine Bedeutung:

Pra + nu = Ton hervorbringen, verehren, preisen. Das Wort "Pranava" hat seinen Ursprung in dieser Wurzel.

"Prakarshina Navam" bedeutet "immer neu". Es heißt "Pranava", weil es immer neu ist.

Aum ist das Fundament des Universums. Da immer neues Leben im Universum entspringt, kann es nie alt sein. Aus diesen Gründen wird Aum mit dem Wort "Pranava" bezeichnet.

Die Form von "Pranava" ist Aum. Es kommt von der Wurzel "ava" ("retten"). Deshalb kann Aum folgende Bedeutung haben: das, was einen Saadhaka (jemanden, der über Aum meditiert) oder einen Jaapaka (jemanden, der Aum singt) vor der Mühsal des Lebens auf dieser Welt rettet. Aum hat zwei Synonyme, "Thaarakam" und "Pranavam" (dies sind Begriffe aus der Malayalam-Sprache). "Thaarakam" bedeutet: "das, was hilft, das Meer des Lebens auf dieser Welt zu überqueren". "Pranavam" kann bedeuten: "das, was stets Gott verehrt oder preist".

"Pranava" ist der Name (das Wort) für Brahma, und Brahma ist die Bedeutung (Erklärung) von "Pranava". Da ein Wort und seine Bedeutung sich nicht voneinander unterscheiden, verlangen die Veden, Brahma als "Aum", seinen Namen, anzubeten. In der Bhgavad Gita wird "Aum" als "Aum iti Ekaksharam Brahma" ["Aum – dieses einsilbige Wort ist Brahman"] beschrieben, in der Manduky Upanishad als "Aum iti Ekaksharam idam Sarvam" ["Aum – dieses einsilbige Wort ist alles"].

Pranava ist das erste, höchste "Mantra", da es automatisch und mühelos erfahren wird. Alle Lebewesen kennen dieses "Mantra" von Natur aus. Von "Pranava" wird gesagt, dass es ein "Mantra" der Wissenschaften ist, weil es die grundlegende Wahrheit über die Existenz vermittelt und auch vor der Angst vor dem irdischen Leben schützt.

In der "Sutha Samhitha" wird Pranava folgendermaßen erklärt: "Das uranfängliche Pranava-Mantra ist die gemeinsame Erfahrung aller, aber dennoch wird es von niemandem klar und deutlich wahrgenommen. Um die Pranava-Form zu verwirklichen, ist daher eine Initiation durch einen Guru unabdingbar; dies kann nicht allein durch das Studieren von Büchern erreicht werden."*

Kapitel 23

In der Bibel heißt es, dass die Schöpfung aus dem Ton entstand.

Es werde Licht! Und es ward Licht. Hier bedeutet Ton Vorstellung. Die Bhagavad Gita gibt uns bereits die Bedeutung. In ihr heißt es, dass die Schöpfung aus Aum Sat Tat entstand.

Sehen wir uns beide nun einmal genauer an. Aum bedeutet "ja". Auf jede Frage gibt es die Antwort "ja". Der Gott, der stets überall fortdauernd existiert, ist Aum.

Wenn uns ein solcher Zustand zugänglich ist, können wir keine Sekunde lang nicht praktizieren.

Wenn jemand fragen würde, ob es Gott gibt, wäre die Antwort "ja". Ohne Gott würde es keinen Ort oder keinen Augenblick geben. Wir alle sollten das Aum finden, das in uns gegenwärtig ist.

Wenn wir nur "Mango" sagen, können wir den Geschmack der Frucht nicht erfahren. Aber wenn wir hören, wie schmackhaft sie ist, wird unser Wunsch, die Erfahrung zu machen, größer werden. Dieser Wunsch wird zu der Erfahrung führen.

Das Gleiche gilt für Aum. Ein Mensch kann durch das Singen von Aum alle Arten von Gnade erfahren. Meister haben ein System festgelegt, um Aum zu singen und darüber zu meditieren. Die höchste Seele, die in uns existiert, ist das Feuer, das auf geheimnisvolle Weise im "Aarani" [zeremonieller Stab zur Entzündung von Feuer] wohnt. Aber um es zum Leuchten zu bringen, sollten wir uns ein wenig bemühen, so wie wir ein Arani reiben. Die Meister sagen, dass in diesem Prozess unser Körper Adhararani [der weibliche, untere Stab] ist, Pranava ist der Uthararani [der männliche, obere Stab] und die Meditation ist der Prozess des Aneinanderreibens beider Stäbe, wobei sich Vishnu als Feuer manifestiert.

> "O mithyakaksharam Brahma Vyaharn mananusmaran
>
> ya: prayathithyajan
>
> deham Sa yathi paramgathim"
> (Bhagavad Gita)

Krishna sagt: "Jeder, der sich am Ende seines Lebens an mich erinnert, Pranava singt und seinen Körper verlässt, erreicht den himmlischen Zustand."* Hier stoßen viele widerstreitende Argumente aufeinander, auf die der Brahmane Yanjavalkya antwortet:

Gavam sarpi: Sareerastham na Karothyanga poshanam

Ni: sruthan karma samyuktam punasthasam thadoushadham.

Evam sa hi Sareerastha: Sarpirval Parameswara:

Vinachopasanadeva na karoti hitham nrushu.

Ghee ist dem Körper der Kuh zu eigen. Es wird aus der Milch der Kuh gewonnen. Ghee ernährt jedoch niemals die Kuh. Aber wir können die Kuh melken, die Milch kochen und sauer werden lassen, um geronnene Milch herzustellen. Wenn wir die geronnene Milch zum Schäumen bringen, erhalten wir Ghee. Wenn wir der Kuh Ghee geben, wird sie dadurch fetter.*

Die höchste Seele wohnt stets in uns. Das ist wahr. Das ebnet uns jedoch nicht den Weg in den Himmel. Wir sollten die höchste Seele in uns durch Beten oder Meditation zum Leuchten bringen. Dann werden wir zum Himmel emporsteigen. In der Prasnupanishad wird erklärt, welchen Nutzen es hat, Pranava auf eine bestimmte Weise zu singen.

Kapitel 24

Aum und seine Etymologie

1. Avant Aum iti.
   Es ist Aum, weil es rettet.
   (Av = retten)

2. Avati rakshati iti Aum-sa.
   Es ist Aum, weil es rettet.

3. Othamasmin Jagat iti Aum ithyuktham.
   Es ist Aum, weil das Universum darauf
   aufgespannt ist.
   (otha = gespannt)

4. Akarovishnuruddishta:
   Ukarasthu maheswara
   Makarasthu smutho Brahma
   Pranavasthu trayathmaka: (Vayupurana) –

Brahmand ist unendlich, so unendlich wie dieses Wort,
das der Ton von Brahma ist. Es hat unendliche Be-
deutungsebenen. Daher kann niemand Pranava jemals
vollständig erklären.

Über den Autor

Karathra Antony Francis hat mehrere Bücher verfasst und ist Chefredakteur der Malayala Manorama Weekly, Indiens größter Wochenzeitung. Der erfahrene Redaktionsprofi erhielt eine nationale Auszeichnung in der Kategorie "Bestes Design und Layout von Zeitschriften" des Directorate of Advertising and Visual Publicity (DAVP) des indischen Ministry of Information & Broadcasting.

Als Spezialist für tantrische Malerei gewann Francis außerdem im Jahr 2000 die Goldmedaille für Landschaftsmalerei der Kerala Lalitha Kala Academy.

Er war Mitglied des Board of Studies für Kunstwissenschaften an der Kerala University und ist Mitglied des Board of Studies für Journalismus an der Kannur University, Kerala.

Weiterführende Informationen zu
Büchern, Autoren und den Aktivitäten
des Silberschnur Verlages erhalten Sie unter:
www.silberschnur.de

Sie können uns alternativ
die beiliegende *Postkarte* zusenden.

Ihr Interesse wird belohnt!

160 Seiten, broschiert
ISBN 978-3-89845-292-2
€ [D] 6,95

Barbara Berger
Meditationen
Tore zum Bewusstsein

Verschiedene Wege führen zur Erfahrung von glückseligen, erweiterten Bewusstseinszuständen, jener globalen Revolution, die in unserer Zeit stattfindet. Ein einfacher Weg zu diesem höheren Bewusstsein sind die Meditationen von Barbara Berger.
Die Bestseller-Autorin vermittelt fundiert und immer leicht nachvollziehbar verschiedene Meditationsformen. In gewohnt unkomplizierter Art erklärt sie neben praktischen Übungen auch die Stolpersteine, die eine erfolgreiche Meditation verhindern können. Den Meditierenden erwartet u. a., wie der Verstand, die ewige "Quasselstrippe", beruhigt werden kann, wie man besser schläft, jünger aussieht oder effektiver arbeiten kann ...

176 Seiten, broschiert
ISBN 978-3-89845-275-5
€ [D] 6,95

Rajendar Menen
Mudras – Die Energie deiner Hände
Indisches Fingeryoga

Die wohltuende Wirkung von Mudras, das Yoga der Hände, können Sie nahezu überall genießen. Mudras können zudem von absolut jedem erlernt werden, sie sind nie anstrengend und das ideale Heilmittel unserer Zeit. Der versierte indische Autor Rajendar Menen stellt die wichtigsten Mudras im Detail vor. Zudem wird eine ganzheitliche Sicht auf physisches und spirituelles Heilen sowie die richtige Ernährung und den Einfluss unserer Umgebung oder der Gedanken auf unser Wohlbefinden vermittelt – damit Sie ganz einfach rundum gesund sind!

128 Seiten, broschiert
ISBN 978-3-89845-171-0
€ [D] 6,95

Elizabeth Clare Prophet

Mantras des Westens

Mit der Kraft des Wortklanges

Auf ihre einfache und eindrucksvolle Art führt die amerikanische Bestseller-Autorin die Macht des Wortes in all seinen Nuancen vor, wobei ihre Fallbeispiele jeden noch so skeptischen Leser von der Wirksamkeit des gesprochenen Wortes überzeugen müssen ...

248 Seiten, broschiert
ISBN 978-3-89845-229-8
€ [D] 6,95

Lama Jigmela Rinpoche

Der tibetische Buddhismus

Schlüsselwörter von A bis Z

Wollten Sie schon immer wissen, was Buddhismus eigentlich bedeutet? Ist der Buddhismus eine Religion oder eine Philosophie? Wer sind die Bodhisattvas, Lamas und Tulkus? Was ist ein Mantra? Was versteht man wirklich unter Karma? Ganz behutsam öffnet der tibetische Lama Jigmela Rinpoche in diesem Buch eine Tür zu einem besseren Verstehen seiner Religion, indem er deren Schlüsselwörter erklärt, die im Westen oft nicht richtig erläutert oder falsch verstanden werden – ein wunderbarer Einstieg in den Buddhismus.

206 Seiten, broschiert
ISBN 978-3-89845-117-8
€ [D] 14,90

Frank Lassner
Meditieren ist ganz einfach

Dieses Buch ist gedacht als ein ständiger Begleiter, um wieder zu sich selbst zurückzufinden. Denn Meditieren ist für jeden erlernbar: spielend leicht und ohne Vorkenntnisse!

Beginnen Sie jetzt – und Ihre Meditationen werden zu Kurzurlauben im Alltag. Detailliert erklärte Übungen begleiten den Übergang vom Meditieren zum meditativen SEIN, damit sich Ihr Leben radikal verändern kann. Lernen Sie Ihre Gefühle kennen, durchschauen Sie Ihre Motive und erspüren Sie die Zeitlosigkeit Ihrer Existenz. Jede Zeile wird Sie berühren ...

24 Karten, Format 10 x 16 cm,
mit Begleitbuch in Box
ISBN 978-3-89845-137-6
€ [D] 22,00

Annika McKay
Yoga for You – Perfekt für Einsteiger
Mit den original McKay-Übungskarten

Einfach – abwechslungsreich – individuell! Speziell für das Üben zu Hause wurden die McKay-Übungskarten entwickelt, mit denen sich jeder seine ganz individuellen Trainingsprogramme zusammenstellen kann. Kein lästiges Blättern in Büchern während der Übungssequenz, sondern einfach vor Beginn die gewünschte Übungsfolge zusammenstellen, die entsprechenden Karten auswählen und ohne Unterbrechung entspannt die gesamte Übungssequenz harmonisch durchführen. Yoga tut einfach gut!